孔孟思想本源

[王卫华 王绯烨◎编著]

理论，是生活的理性，人类的文明。哲学，用黑格尔的话说：人类社会这个殿堂里的神，是殿堂的灵光。不重视理论的民族无法进步，不重视哲学的民族没希望。能为理论与哲学做点事，心愿已足。

甘肃人民出版社

图书在版编目（CIP）数据

孔孟思想本源／王卫华，王绯烨　编著. -- 兰州：
甘肃人民出版社，2022.6
ISBN 978-7-226-05814-5

Ⅰ.①孔… Ⅱ.①王… ②王… Ⅲ.①孔丘（前551–
前479）– 思想评论②孟轲（约前372– 前289）– 思想评论
Ⅳ.①B222.25②B222.55

中国版本图书馆 CIP 数据核字（2022）第 088474 号

责任编辑：牟克杰
封面设计：李晓玲

孔孟思想本源

王卫华　　王绯烨　编著
甘肃人民出版社出版发行
（730030　兰州市读者大道 568 号）
天津旭丰源印刷有限公司印刷
开本 787 毫米×1092 毫米　1/16　印张 16　字数 158 千
2022 年 6 月第 1 版　2022 年 6 月第 1 次印刷
印数：1～3000
ISBN978-7-226-05814-5　　定价：50.00 元

目录 CONTENTS

序

　　在台湾院士朱云汉先生的大作《高思在云》一书中看到了这么一节《王道思想可济西方之穷》,他说:"相较之下,中国的王道思想可以为 21 世纪全球秩序的重组提供一套新的指导思维,因为王道思想正好可济西方核心理念之穷。王道思想为个人的道德责任提供明确实践准则:修身、齐家、治国、平天下,循序渐进、由内而外、由近而远。同时,王道思想也为群体间的互动准则设定三层不同的境界。第一层是先做到 '反求诸己' '推己及人' '讲信修睦' '己所不欲勿施于人';行有余力则 '济弱扶倾' '己立立人,己达达人';最后是以 '大道之行,天下为公' 为最高的实践目标。个人根据自己的资材、德行、知识与客观条件,说其所能,进退有据,但求无愧。"

　　他还说:"王道思想也要强调中道,要执两用中,不偏不倚,要在本质上有矛盾与冲突的事理中求取平衡,要处理不同层次群体间的利益关联与协调,既要顾全大局也要照顾个体需求;处理事务要因地制宜,审时度势,兼容并蓄,道为纲、术为目。这种思维方式，与西方理性主义所习惯的'从少数抽象先验原则出发，然后针对个案演绎出合理的结论'非常不同。"

中国的王道核心是儒学思想，中国的王道中合理的成分有助于世界与中国政治，这是我决心通读《论语》与《孟子》的原因之一。原因之二，国学要扬弃，扬弃就要通读。不通读全书，你凭什么说孔子孟子的好坏优劣？因此，我先帮爱好国学的朋友们通读一遍孔孟原著，分分类，再直译出来。通读，是为了了解本真的孔孟；直译，也是为了把原汁原味的孔孟之道呈现给真正想了解国学的朋友。分一下类，只想为了方便读者的阅读与使用。全书全凭读者去理解，决不作任何说教。正因为这本书是原汁原味的，所以称为《孔道原道》。原因之三，就是学者的使命使然。北宋理学家张衡渠先生对学者的使命定位是：为天地立心，为生民立命，为往圣继绝学，为万世开太平。出于这个目标，我也老夫聊发少年狂，鼓足心劲，努力钻研，弄出这么一本书来。

当然，要通读，就要有古文基础。不要说我的古文并不好，就算是古文很好的人也不敢说对上古的文字都能理解，句读就是准确的。我只能说我做到了两点：一是一个字一个字去读，每个字都译出来，不搞模糊翻译。二是保留着原文，以便读者对我的译文有疑问时方便对照、推敲。两本书读了一遍，写时尽量做到散文化、故事化，这是为了适应现代读者的阅读审美需求。其实，孔子和孟子都是教师出身，语言和语言中反映出的表情都是生动的，小故事、举例也是不断的，还有不少警句哲言是发聋振聩的。因此，此书的可读性是很强的。

最后，笔者对世界也有一点自己的哲学观。附在后面，一并求教于大家。我认为，世界的本源是完整的"一"，却被人为地"一分为二"、"对立统一"了。这样造就了世界的分裂，人类的暴力。这个观点对否，我也散文化地论证了一下，有待于大家指教。

理论，是生活的理性，人类的文明。哲学，用黑格尔的话说：人类社会这个殿堂里的神，是殿堂的灵光。不重视理论的民族无法进步，不重视哲学的民族没希望。能为理论与哲学做一点事，心愿已足。

孔　孟　原　道

第一篇
—————— The first paper ——————
天将以夫子为木铎：《论语》通读

前言

　　宋代开国宰相的故事很优美：赵普为宰相，在朝廷遇到重大问题需解决时，他就回到府里进了自己的书房，打开一小箱，会取出一本书而读之，有时还会读一个通宵。终日者，家里人也不知道他读的什么书。第二天一早出来，事情解决的方案就出来了。赵普老是这样处理大事，人们就议论说他是不是也曾像张良遇到黄石公那样，遇到过高人并得到过一本异书（张良遇到黄石公得的是《太公兵法》）。一直到赵普去世后，他的家人才得以打开他的小箱子看看，原来里面放着的是 20 卷《论语》。优秀的故事，也讲出了《论语》的重要。《论语》是儒学的根基与核心。

第一章　儒学政治学

　　孔子所创的儒学是入世的学说，即要让学者学成后进入社会有所作为的学说。孔子自己也是有志向的。有一天，他问完弟子的志向后，弟子子路反问老师的志向，孔子说："老者安之，朋友信之，少者怀之。"(《论语·公冶长篇》)翻译成现代语就是老有所依，互相诚信，少有所养。

　　为了自己的志向，孔子创建了儒学的政治学说，其最高主张是借鉴古德，恢复周朝模式：核心理念为仁，施德政。主张以和为贵为目标，以礼为准绳，以等级形成秩序，即君君、臣臣、父父、子子(后人发展为君为臣纲，父为子纲，夫为妻纲)，以保证国家的长治久安。

一、道

　　孔子只要一谈到周，就心中满是崇敬："周监于二代,郁郁乎文哉!吾从周(周朝的礼制借鉴于夏、商二代,文采是多么丰富啊。我要遵从周朝的礼制)。"(《论语·泰伯篇》)"周之德,其可谓至德也已矣(周朝的道德,可以说达到道德的最高境界了)。"(《论语·泰伯篇》)他还说:"如有用我者,吾其为东周乎(如果有人用我,我就要为他建一个东方的西周)。"(《论语·阳货篇》)

孔子崇周,其政治学的核心理念是实现"仁"。他说:"人而不仁,如礼何? 人而不仁,如乐何?"(《论语·八佾篇》)意思是说:"人没有仁德,怎么能实行礼呢? 人没有仁德,怎么能运用乐呢?"可见他是把"仁"作为儒学政治学说的核心理念的。为了这个崇高的政治理念,他是可以牺牲自己生命的。孔子说:"志士仁人无求生以害仁,有杀身以成仁(志士仁人没有怕死而损害仁的,只有牺牲性命来实现仁的)。"(《论语·卫灵公篇》)

孔子还指出了社会动乱的病根是"无仁":"好勇疾贫,乱也。人而不仁,疾之已甚,乱也(好勇斗狠又恨自己穷困,就会作乱。成人又没仁德,痛恨贫穷,也会作乱)。"(《论语·泰伯篇》)

孔子政治学的核心理念是"仁",其政治学的哲学基础则是"道"。他说:"朝闻道,夕死可矣(早晨知道了道,晚上死去也心甘)。"(《论语·里仁篇》)"道不同,不相为谋(不奉行相同的道,就不做共同事业之谋)。"(《论语·卫灵公篇》)"富与贵,是人之所欲也;不以其道得之,不处也。贫与贱,是人之所恶也;不以其道得之,不去也。君子去仁,恶乎成名? 君子无终食之间违仁,造次必于是,颠沛必于是(富裕和显贵人人都想得到;但不以道的方法得到它,就不应去享受它。贫穷与低贱人人都很厌恶,但找不到道的方法,就无法摆脱它。君子离开仁德,怎么能成就英名? 君子连一顿饭的时间也不会背离仁德,仓促紧迫时不违仁德,颠沛流离时,也不会违仁德)。"(《论语·里仁篇》)孔子还说了如何守住道:"知及之,仁不能守之,虽得之,必失之;知及之,仁能守之,不庄以莅之,则民不敬;知及之,仁能守之,庄以莅之,动之不以礼,未善也(凭智慧可以悟到它,但不能用仁德去保持它,即使得到，也会丧失。凭智慧可以悟到它，用仁德保持它，但不用庄重态度来对待它，则民众会不敬它；凭智慧可以悟到它，用仁德保持它，也用庄重态度来对待它，但不按礼仪来参拜，那也是对道的不周全）。"（《论语·卫灵公篇》）他还说过一句名言："道不行，乘桴浮于海（如果道在这里行不通，我就乘木筏子到海外去）。"（《论语·公冶长篇》）

那孔子的道究竟是什么呢？有一天，孔子对曾子教导说："参乎！吾道一以贯之（曾参啊，我的道可是贯穿整个学说的始终的）。"（《论语·里仁篇》）曾子点头称是。曾子出了孔子的门，其他弟子便来问他孔子讲的这个一以贯之的"道"是什么东西，曾子回答："夫子之道，忠恕而已矣（老师的道，就是"忠恕"罢了）。"（《论语·里仁篇》）原来，仁就是孔子学说一以贯之的"道"，这个"道"竟可以用"忠恕"来表述。儒学，本质上是个仁爱的学说，把"仁爱"做到了极致就是孔子的道呢！

再有一天，孔子用行动讲清了自己的道是什么。这一天，盲人乐师冕来见孔子，走到台阶边，孔子说："这是台阶。"走到座席旁，孔子说："坐这个席位。"等大家都坐好时，孔子告诉他："某某坐这里，某某坐这里。"乐师冕走后，子张就问孔子："你与乐师谈了道吗（与师言之道与）？"孔子说："是的，我是帮助乐师得道了（然！固相师之道也）。"（《论语·卫灵公》）由此我们又可以看出，道，在孔子那里是一种自然秩序，没有得道的人就是盲人，让人得道，就是走应走之路，各得其位。这就是礼。这与老子的顺其自然为道、无为而治为道是一脉相通的。其本质意义，就是顺应自然规律，只是孔子加了一点人文：有位有序。孔子这是在说：做到礼法规定的事，就是得道了。

仁爱就是道，按礼法做就是得道。这就是孔子的道。如果用《礼记·中庸》的话再解释一下，似乎会更清楚："天命之谓性，率性之谓道，修道之谓教。"这个道，也就是顺应天命（自然规律）；这个礼仪是顺应天命的体现，是修身养性以适道之本。所以孔子认真告诫说："不知命，无以为君子也；不知礼，无以立也（不懂天命，不能做君子；不知礼仪，不

能立身处世）。"（《论语·尧曰篇》）

二、仁

那什么是"仁"呢？孔子说："爱人。"这是对"仁"的理念最简洁明白的表述。

有一天，子张问孔子什么叫"仁"，孔子做了较详尽的解释："能行五者于天下为仁矣（天下能盛行五种品德时就是仁）。""五"即"恭、宽、信、敏、惠（恭敬、宽厚、诚信、勤敏、惠众）"。"恭则不侮，宽则得众，信则人任焉，敏则有功，惠则足以使人（恭敬就不致遭受侮辱，宽厚就会得到大众的拥护，诚信就能得到别人的任用，勤敏就会提高工作效率，惠众就能够领导人）。"（《论语·阳货篇》）

那么推行仁的理念的目的和办法是什么呢？子贡有一天问："如有博施于民而能济众，何如？可谓仁乎？"（假若有一个人，他能给最广大的百姓很多好处又能周济到奴隶，怎么样？可以算是仁人了吗？）众，甲骨文中为烈日下劳动的奴隶；也指一切有生命的人和动物。听了子贡的话，孔子说："何事于仁，必也圣乎！尧、舜其犹病诸！夫仁者，己欲立而立人，己欲达而达人。能近取譬，可谓仁之方也已（这岂止是仁人，已是圣人了！就连尧、舜都感到力所不能及了。仁人，就是自己想站立便也要帮助别人站立，自己想要发达也要帮助别人一同发达。凡事能推己及人，就是实行仁政的方法了）。"（《论语·雍也篇》）可见，孔子说的仁政就是惠民，向一切人施爱。具体的途径就是"推己及人"。

孔子推行仁，还要在人与自然界找到平衡。仁，不等于佛教的不杀生。界线在哪里？孔子用自己的行动来说明。《论语·述而篇》记载，孔子只用钓竿钓鱼而不网鱼（孟子对梁惠王语"罟不入洿池，鱼鳖，不可胜也"，即继承孔子思想）；只射飞鸟，不射巢中歇宿的鸟（子钓而不纲，弋不射宿）。

孔子推行仁的理念的另一个办法是主张行德政，即仁的理念是要靠推行以道德为基石的政治来实现的。他说："为政以德，譬如北辰，居其所而众星共之（以道德教化来治理政事，君王就会像北极星，自己居君王之位，群人则会像群星环绕在他的周围）。"（《论语·为政篇》）孔子还说："道之以政，齐之以刑，民免而无耻。道之以德，齐之以礼，有耻且格（用政令去引导百姓，用刑法来约束他们，百姓只求不犯罪受罚，但无廉耻之心；用道德教化百姓，用礼制去规范百姓言行，百姓知羞耻而守规矩）。"（《论语·为政篇》）可见孔子的德政是有大格局的。他还说："苟志于仁矣，无恶也（如果立志于仁，便心无恶念）。"（《论语·里仁篇》）"德不孤，必有邻（有道德的人必然不会孤立，一定会有很多人与他相处）。"（《论语·里仁篇》）

三、礼

仁，是政治理念。要实现仁的理念，就要建立政治秩序。这个政治秩序如何建立呢？孔子的设想是靠礼（或说礼法，因为礼也是一种行为规定）。孔子说："能以礼让为国乎？何有？不能以礼让为国，如礼何（能够用礼仪与谦让来治理国家，治国何难之有？不能用礼仪与谦让来治理国家，要礼何用）？"（《论语·里仁篇》）孔子还说："恭而无礼则劳；慎而无礼则葸；勇而无礼则乱；直而无礼则绞。君子笃于亲，则民兴于仁；故旧不遗，则民不偷（只做到恭敬而不按礼法做，只会劳劳碌碌；做事谨慎而不按礼法做，就会猥猥琐琐；勇猛而不按礼法做，就会坏了秩序；心直口快而不按礼法去做，则会口出伤人。君子如果厚待亲属，民众当中就会兴起仁的风气；君子如果不遗弃故人旧友，老百姓就不会对人冷漠无情）。"（《论语·泰伯篇》）颜回是孔子最得意的弟子。有一天，颜回问什么叫仁。孔子说："克己复礼为仁。一日克己复礼，天下归仁焉。为仁由己，而由人乎哉（克制自己照着礼的要求去做，这就是仁。有一天大家都克制自己按礼行事了，天下就是仁的社会了。实行仁德，完全在于克己，难道还要靠别人吗）？"颜回再问："具体实行仁要做到哪几条（请问其目）？"孔子说："非礼勿视，非礼勿听，非礼勿言，非礼勿动。"（《论语·颜回篇》）在樊迟问"仁"时，孔子说："居处恭，执事敬，与

人忠。虽之夷狄，不可弃也（在家恭敬，办事敬业，待人忠诚。即使到了蛮荒之地，也不可背弃）。"（《论语·子路篇》）

孔子要求治国要以礼与义为纲来进行。有一次，弟子樊迟要学种庄稼，孔子说我不如老农。樊迟又要学做苗圃，孔子说我不如花匠。樊迟出去后，孔子直骂樊迟是小人，说："小人哉樊须也！上好礼，则民莫敢不敬；上好义，则民莫敢不服；上好信，则民莫敢不用情。夫如是，则四方之民襁负其子而至矣，焉用稼（樊迟真是个小人！上位者只要重视礼，百姓就不敢不敬畏；上位者只要重视义，百姓就不敢不服；上位者重信用，百姓就不敢不用真情实义。要是做到这样，四面八方的老百姓就会背着自己的小孩来投奔，哪里用得着自己去种庄稼呢）？"（《论语·子路篇》）

那礼的内容有哪些？那得参看《礼记》，但礼的第一要义就是正名分。正名分是为了言顺（顺利执行政令）。卫国太子蒯聩同父亲卫灵公不和而出逃，长期待在晋国，灵公死后，君位就由他的孙子、蒯聩的儿子辄继承，是为卫出公。这时，蒯聩就想借晋国的兵回国夺回王位，卫出公就发兵打败了蒯聩与晋国的军队。这时，孔子的弟子子路在卫国做了官。四年后，孔子也来到卫国，卫出公就想让孔子也留在卫国为他治理国政。这时，子路问孔子："卫国国君要您去治理国家，您打算从哪里入手呢（卫君待子而为政，子将奚先）？"孔子马上回答："必也正名乎（必须先正名分）！"子路以为老师又要大谈"君君、臣臣、父父、子子"了，这不是在批评卫出公对父亲不敬吗，马上顶撞老师说："有您这样做的吗？老师您太迂腐了吧。这名分怎么去正呢（有是哉，子之迂也！奚其正）？"孔子马上教导他说："野哉由也！君子于其所不知，盖阙如也。名不正，则言不顺；言不顺，则事不成；事不成，则礼乐不兴；礼乐不兴，则刑罚不中；刑罚不中，则民无所错手足。故君子名之必可言也，言之必可行也。君子于其言，无所苟而已矣（仲由，你也真够粗野的！君子对于他所不知道的事情，不是反对而总是存疑的。名分不确定，政令就不能顺利下达；政令不能顺利下达，事情就办不成；事情办不成，礼乐也就不能兴盛；礼乐不能兴盛，刑罚也不会适当；刑罚不适当，百姓就不知怎么做好。所以，君子名分定就可推行政令，说出来也就能够行得通了。君子对于自己说的话，是从不马虎的）。"（《论语·子路篇》）

礼的第二要义是建立等级。周朝，本身就是封建制的国家，强调家庭到社会的等级制。孔子把周朝当作自己最高的理想社会，当然也强调等级的重要性，并且用礼把等级及各等级的配享规定了下来。如孔子看到鲁国卿大夫季氏用了天子才能用的八佾，就恨得直咬牙，说出了千古名句："是可忍也，孰不可忍也！"（《论语·八佾篇》）孔子看到鲁桓公的三个后代、被称为"三桓"的孟孙氏、叔孙氏、季孙氏祭祖后命乐工唱了描写周武王祭祀周文王的叙事诗《雍》，也恨恨地说："这首诗如何能用在你家的庙堂呢（奚取于三家之堂）？"（《论语·八佾》）后来季孙氏要去祭祀泰山，孔子问弟子冉有能不能劝阻这一僭越的行为。冉有做不到，孔子便只能感叹季孙氏之不知礼数了。当齐国国君问治理国家的要点是什么，孔子马上就回答说："君君，臣臣，父父，子子（君有君样，臣安臣位，父有父威，儿有儿孝）。"（《论语·颜回篇》）政治与社会秩序的建立，要讲等级、讲层级并没有错。只是社会进步与文明了，人与人在人格上应是平等的，政治权利上应是平等的。这点，我们注意到就是了，是不应当苛求古人孔子的。

那讲究礼以后，是不是要有一套繁琐的程序呢？过去有人认为儒学的礼是繁琐的仪式。其实不然。不要以为孔子讲究礼仪就是在提倡奢侈铺张。相反，他是注重简朴与实质的人。有一天，他的弟子林放问什么是礼的根本。孔子回答说："大哉问！礼，与其奢也，宁俭；丧，与其易也，宁戚。"易，周备；戚，悲哀。孔子是在说："你问的这个问题意义重大。就礼仪讲，与其奢侈，不如节俭；就丧事而言，与其治办周备，不如真正悲哀。"（《论语·八佾篇》）孔子还说过："奢则不孙，俭则固。与其不孙也，宁固（奢侈就会傲慢，节俭也会寒酸。但与其奢而傲慢，宁可俭而寒酸）。"（《论语·述而篇》）

四、政治目标是和谐

分阶层建立政治秩序，其目标是和谐。孔子的弟子有子就说："礼之用，和为贵。先王之道，斯为美，小大由之。有所不行，知和而和，不以礼节之，亦不可行也（礼的应用，以和谐为贵。古代君主治国最可贵处就在这里。不论大事小事都要追求和谐。也有行不通的时候，那是为和谐而和谐，没有用礼来调节和谐，没有礼的和谐是不可行的）。"（《论语·学而篇》）当然，孔子的这句话也是很有名的，它指出了"和谐"的本义："君子和而不同，小人同而不和（君子讲求和谐而不同流合污，小人同流合污却并不和调）。"（《论语·子路篇》）

那如何做到和谐呢？君王与臣工要做讲诚信的表率。"人而无信，不知其可也。大车无輗，小车无軏，其何以行之哉（人不讲信用真不知道他能做成什么事。就好像大车没有輗、小车没有軏一样，它靠什么行走呢）？"（《论语·为政篇》）孔子的这段话，放在《为政篇》里，显然是对君与臣的要求。

君王与臣工要讲诚信，君王首先要讲诚信。有一天，子贡问怎样治理国家时，孔子说："足食，足兵，民信之矣（粮食充足，军备充足，老百姓信任统治者）。"子贡说："如果不得不去掉一项，那么三项中先去掉哪一项呢（必不得已而去，于斯三者何先）？"孔子说："去兵（去掉军备）。"子贡说："如果不得不再去掉一项呢（必不得已而去，于斯二者何先）？"孔子说："去食。自古皆有死，民无信不立（去粮食充足。自古以来人总是要死的，如果老百姓对统治者不信任，那么国家就不能存在了）。"（《论语·颜回篇》）

君王讲诚信，官员就要既讲诚信又讲忠心。社会人物（君子）和官员讲了忠心与诚信，社会上才会路路通畅。有一天，子张问如何才能处处都行得通。孔子说："言忠信，行笃敬，虽蛮貊之邦行矣；言不忠信，行不笃敬，虽州里行乎哉？立则见其参于前也；在舆则见其倚于衡也，夫然后行（说话对上忠诚对下诚信，行事一心一意并怀有敬畏之心，这样即使到了蛮貊地区也处处行得通。言不忠信，行不专心敬畏，虽在本邦能行得通吗？你站着时，忠信笃敬四个字就要仿佛立在你面前。乘车，这四个字就要像刻在车辕前的横木上一样。这样处处就行得通了)。"(《论语·卫灵公篇》)听了孔子这话，子张就把这些话写在腰带上了。

五、如何为君

讲国家治理，要制定秩序与制度，即礼，或说礼法。制定好了，君与臣就要组成管理集团。那君就要有君的样子，臣就要有臣的规矩。

如何做君，孔子说，君首先要有三畏："君子有三畏：畏天命，畏大人，畏圣人之言。小人不知天命而不畏也，狎大人，侮圣人之言(君子有三件要敬畏的事情：敬畏天命，敬畏高贵的人，敬畏圣人的话)。"(《论语·季氏篇》)孔子这句话当然也不仅是对君王讲的，也是对修养君子品格的人讲的。

君(也含君子)还要做到三戒："君子有三戒：少之时，血气未定，戒之在色；及其壮也，血气方刚，戒之在斗；及其老也，血气既衰，戒之在得(君子要警戒三件事：年少时，血气还不成熟，要戒好色；壮年时，血气方刚，要戒争强斗勇；等到老年，血气已衰，要戒贪欲太盛)。"(《论语·季氏篇》)

君永远要为民着想。孔子要求君王："道千乘之国，敬事而信，节用而爱人，使民以时(治理一个拥有一千辆兵车的国家，要敬业，言而有信，节约又爱护臣子，役使百姓要不误农时)。"(《论语·学而篇》)鲁昭公有一天国家受灾了，问孔子的弟子有若："今年是饥荒年，朝廷用度不够，怎么办？"有若回答说："盍彻乎(为什么不实行周朝的只抽十分之一的田税——彻法呢)？"哀公说："现在收十分之二的税我还嫌不够，怎么能实行彻法呢？"这时，有若义正严辞地说："百姓足，君孰与不足？百姓不足，君孰与足(如果百姓的用度够，君王的用度怎会不够？如果百姓的用度不够，君王的用度又怎么又会够)？"(《论语·颜回篇》)

六、官员的选拔及标准

要统治一个国家,当然要选拔官员,组建官僚集团。

做最高或高级领导要有一个原则。孔子说:"如有周公之才之美,使骄且吝,其余不足观也已。"(《论语·泰伯篇》)孔子是说,对一位君王而言,即使有周公那样的才能那样的貌,但对臣傲慢且吝啬,那其他方面也就不值得一看了。

最高领导或高级领导对官员的选拔有个总原则:"举直错诸枉。"有一天,鲁哀公问孔子让百姓服从统治的办法。孔子说:"举直错诸枉,则民服;举枉错诸直,则民不服。"(《论语·为政篇)"举直错诸枉"的原意是:用直的木材压于枉木之上,能使枉木变直。引申出来讲就是:"把正直无私的人提拔起来,把不正直的人闲置,老百姓就会服从了。"相反,"举枉错诸直",即把枉材(弯曲的木材)放在直木之上,即重用不正直的人,把正直无私的人闲置,老百姓就不会服从统治了。

就官员的选拔而言, 儒家认为选拔是有社会风气的导向作用的。孔子有一天对樊迟说:"举直错诸枉,能使枉者直(把直的东西压在弯曲的东西上面,弯曲的东西就变直了)。"樊迟不懂孔子这个意思,就出来问子夏。子夏告诉他,老师的意思是选拔正直的人,就是打压邪恶的人,邪者自然会思归正。子夏也举例说:"富哉言乎!舜有天下,选于众,举皋陶,不仁者远矣。汤有天下,选于众,举伊尹,不仁者远矣(这话说得多么深刻呀! 舜有天下,是因为在众人中挑选人才,选拔了皋陶,不仁的人自然走开了。汤有了天下,是因为在众人中挑选人才,选拔了伊尹,不仁的人也走开了)。"(《论语·颜回篇》)

那选拔官员是什么标准呢,孔子提出"士"的标准。子贡问道:"怎样才可以叫作士(何如斯可谓之士矣)?"孔子说:"行己有耻,使于四方不辱君命,可谓士矣(自己在做事时有知耻之心,出使外国各方,能够完成君主交付的使命,可以叫作士)。"大概子贡觉得这个标准高了一些,就问:"敢问其次(那差一等的士呢)?"孔子说:"宗族称孝焉,乡党称弟焉(宗族中的人称赞他孝顺,乡党们称他尊敬兄长)。"那再次一等呢?孔子说:"言必信,行必果,硁硁然小人哉!抑亦可以为次矣(说话讲信用,做事做到底,固执如石,那是小人啊。但也可以说是再次一等的士了)。"士的三个等级或说标准得到了,子贡再问一声:"现在的执政者,您看怎么样(今之从政者何如)?"孔子说:"噫!斗筲之人,何足算也(唉!器量小见识短,哪里能算得上士呢)?"(《论语·子路篇》)

选择官员还有几条标准,可从孔子答鲁哀公的正卿季康子的问话中得知。季康子分别问仲由、端木赐、冉求这三个孔门弟子能否从政,孔子说,仲由处事果断,端木赐处事通达,冉求多才多艺,都能从政。(《论语·雍也篇》)可见果断、通达、多才多艺是孔子心中官员的标准。

在官员选择的标准上,孔子还主张官员是不能贪图享受的:"士而怀居,不足以为士矣(士如果怀念居家的安逸,是不足以为士的)。"(《论语·宪问篇》)

就选拔官员而言,孔子还主张不选佞臣。这个佞是指善言的人。他说:"巧言令色,鲜矣仁(说甜言蜜语、装出和颜悦色的人,很少是仁人)。"(《论语·阳货篇》)这还可以从他在《论语·公冶长篇》中对冉雍不善言的称赞上看出。孔子还主张无欲则刚。这在同一篇中他对申枨的评价可看出来。他说申枨个人欲望太强,因此不可能刚强。

很特别的是,对官员(君子)外貌与举止孔子也提出了标准。在外貌上要"文质彬彬"。文,指文采;质,指质朴;彬彬:形容配合适当。他说:"质胜文则野;文胜质则史。文质彬彬,然后君子(质朴多于文采,就野俗;文采多于质朴,就流于文辞繁琐。只有质朴和文采配合恰当,才是个君子)。"(《论语·雍也篇》)

在行为举止上,孔子要求:"君子博学于文,约之以礼,亦可以弗畔矣夫(君子要广泛阅读,以礼约束自己,也就可以不离经叛道了)!"(《论语·雍也篇》)这里的"畔"即通"叛"。孔子还说过:"君子泰而不骄,小人骄而不泰(君子心静神安而傲,小人傲慢而心神不宁)。"(《论语·子路篇》)

当然,孔子及弟子也为我们树立了榜样,《论语·述而篇》说:"子温而厉，威而不猛，恭而安（孔子温和中透着严厉，威在却不凶猛，谦恭而安详）。"孔门弟子曾子病重，孟敬子去看望他时也说过，君子弘扬大道最可贵的是要做到三点："动容貌，斯远暴慢矣；正颜色，斯近信矣；出辞气，斯远鄙倍矣（让容貌表现内心的感情，这样可以远离粗暴、怠慢；让脸色庄重，这样就更接近于诚信；说话出口成章有气节，这样就可以远粗俗和悖理）。"（《论语·泰伯篇》）

为什么孔子如此看重君子的外表呢？因为他认为外貌是一个人内在本质的体现。他说："刚、毅、木、讷近仁（刚强、有毅力、朴实、谨慎就接近于仁了）。"（《论语·子路篇》）

那么，选拔时如何尊重民意呢？有一天，子贡问孔子："乡人皆好之，何如（全乡人都说他好，这人怎么样）？"孔子说："未可也（这还不能肯定）。"子贡又问："乡人皆恶之，何如（全乡人都厌恶他，这个人怎么样）？"孔子说："未可也，不如乡人之善者好之，其不善者恶之（这也是不能肯定的。最好的人是全乡的好人都喜欢他，全乡的坏人都厌恶他）。"（《论语·子路篇》）孔子还说："众恶之，必察焉；众好之，必察焉（众人都厌恶他，我必须考察一下再说；大家都喜欢他，我也要考察一下再说）。"（《论语·卫灵公篇》）相信孔子这段辩证地看人办法，会对我们干部的考察工作有一些启发吧。

七、君臣与百姓关系的相处

那么，君臣关系是如何相处的呢？有一天，鲁定公问孔子，君如何指挥臣，臣如何为君办事？孔子说："君使臣以礼，臣事君以忠。"（《论语·八佾篇》）这句话说出了君臣关系的总纲，意思是："君主按照礼的规定去要臣办事，臣子用忠诚来对待君主。"当然，有些细节也要注意："事君数，斯辱矣；朋友数，斯疏矣（侍奉君主太过繁琐，就会受到侮辱；烦朋友的事太多，就会被疏远）。"（《论语·里仁篇》）

孔子接着要求君王要倾听不同意见，把倾听不同意见上升到国家兴亡的高度来看。有一次，鲁定公问孔子："一言而丧邦，这种话有吗

（一言而丧邦，有诸）?"孔子说：没有这样一句话的，不过有一句话比较相近。"人之言曰：'予无乐乎为君，唯其言而莫予违也。'如其善而莫之违也，不亦善乎? 如不善而莫之违也，不几乎一言而丧邦乎（有人说过：'我做君主其他没有什么可高兴的，我高兴的只是我说的话没有人敢违抗。'如果说的对而没有人违抗，看上去不也挺好吗? 但是说得不对而没有人违抗，那不就近乎于一句话可以亡国吗）?"（《论语·子路篇》）

下一步，臣工如何做? 做臣工就是伴君王，如何伴? "忠勤"而已。孔门弟子子张有一天要去当官，问孔子如何当官，孔子说："居之无倦，行之以忠（办公无懈怠，行事讲忠诚）。"（《论语·颜回篇》）孔子还说过："事君，敬其事而后其食（为君王当差，先敬业后受俸禄）。"（《论语·卫灵公篇》）孔子还开导弟子们说："侍于君子有三愆：言未及之而言谓之躁，言及之而不言谓之隐，未见颜色而言谓之瞽（侍奉在君主身边要避免犯三种过失：君王还没有问到你的时候就说话，这是急躁；已经问到你的时候你却不说，这叫隐瞒；不看君子的脸色而说话，这是眼瞎）。"（《论语·季氏篇》）

不结党营私也是身处官僚集团内的臣工做人处事的一条原则，即"君子周而不比，小人比而不周（《论语·为政篇》）"。周，指亲和；比，指勾结。这句话的意思是："君子合群而不与人勾结，小人与人勾结而不合群。"作为一条不结党营私的具体规定是："不在其位，不谋其政。"（《论语·泰伯篇》）曾子也补充说："君子思不出其位（君子思考的范围不能超过自己职位的范围呀）。"（《论语·宪问篇》）

不过，不结党营私并不等于志同道合者不来往。君子应朋而不党。欧阳修《朋党论》中说过："大凡君子与君子以同道为朋，小人与小人以同利为朋。"有一天，子贡问怎样实行仁德。孔子说："工欲善其事，必先利其器。居是邦也，事其大夫之贤者，友其士之仁者（要做好一件东西，必先使起工具锋利。住在一国内，择大夫中贤者去服务，与士中有仁德者交友）。"（《论语·卫灵公篇》）

再进一步，官民关系又如何处理呢? 那就是官员要做公正的表率，以诚信立本。鲁哀公的正卿季康子有一天来问孔子,要让百姓对当政者尊敬、忠心并努力服役,当政者应当怎么做呢？孔子说："临之以庄,则敬；孝慈,则忠；举善而教不能,则劝。"意思是："你行事庄重,百姓就会尊敬你；你是慈父孝子,百姓就会忠于你；你推举德才兼备的人并去教育能力差的人,百姓就会听你所劝。"(《论语·为政篇》)他还对季康子说："政者,正也。子帅以正,孰敢不正(政的本意就是正。您本人正直,那么还有谁敢不正直呢)？"(《论语·颜回篇》)"其身正,不令而行；其身不正,虽令不从(自身正了,即使不发布命令,众人也会跟随你。自身不正,即使发布命令,众人也不会服从)。"(《论语·子路篇》)"苟正其身矣,于从政乎何有？不能正其身,如正人何(如果端正了自身的言行,管理政事还有什么困难呢？不能端正自身的言行,如何要求别人呢)？"(《论语·子路篇》)孔门弟子子夏也说："君子信而后劳其民,未信,则以为厉己也；信而后谏,未信,则以为谤己也(君子必须取得人民的信任之后才可派遣劳役,否则百姓就会以为是在虐待他们。要先取得君王的信任然后才去规劝,否则就会以为你在诽谤他)。"(《论语·子张篇》)

八、行政要点

做官,用现代语言讲就是搞行政工作。孔子就行政工作如何做,首先提出的是行政工作的大目标——他说,行政工作宏观上讲是三大工作：谨权量、审法度、修废官(严格衡器量器、周密制定法度、修立废弃官职),做到这三点,四方之政行焉。四方之政畅通后,行政工作的大目标是"天下之民归心"。如何让天下之民归心呢？要做到三点：一是兴灭国、继绝世、举逸民(复兴已灭亡的邦国,接续已断绝了的家族,提拔被遗落的人才),这是对上一个朝代贵族应当做的事；二是重民、重食、重丧、重祭,这是对待本国人民要做的事；三是宽、信、敏、公(宽厚、诚信、勤勉、公正),这是总的执政态度,因为"宽则得众,信则民任焉,敏则有功(宽厚能得到最广大民众的拥护,诚信能得到民众信任,勤勉能取得成绩,公平能使百姓高兴)"。(《论语·尧曰篇》)

就行政工作如何做,孔子提出官员们一要稳健二要长远。子夏做了莒父的总管,来问政事如何处理,孔子教导他说:"无欲速,无见小利。欲速则不达,见小利则大事不成(不要求快,不要贪求小利。求快反而达不到目的,贪求小利就做不成大事)。"(《论语·子路篇》)孔子还说:"人无远虑,必有近忧(人没有长远的考虑,就会有眼下的忧患)。"(《论语·卫灵公篇》)"小不忍,则乱大谋(小事情不忍耐,就会坏大谋略)。"(《论语·卫灵公篇》)

就行政工作而言,孔子还提出三个立足点:一是诚信,二是均衡,三是德政。他说:"君子疾夫舍曰欲之而必为之辞(君子最恨不说出自己想达到的真实目的而故意找个借口)。"还说:"有国有家者,不患寡而患不均,不患贫而患不安。盖均无寡,和无贫,安无倾(一个国家,不怕财富少,而怕财富不均衡;不怕贫而怕不安宁。如果财富均衡就无所谓少,平和了就无所谓贫富,安宁国家就不会倾覆)。"三是要靠德政来扩充国力,即"远人不服则修文德以来之,既来之,则安之(远方的人如果不服靠修文立德来吸引他们,他们来了就安顿他们)。"(《论语·季氏篇》)

行政工作的要点是什么呢?子张有一天问孔子:"何如斯可以从政矣(怎样就能治理政事呢)?"孔子为他指出从政的要点,说:"尊五美,屏四恶,斯可以从政矣(尊崇起五种美德,摒弃四种恶政,就可以做好行政工作了)。"子张当然会问哪五种美德(何谓五美)。孔子说:"君子惠而不费,劳而不怨,欲而不贪,泰而不骄,威而不猛。"翻译成现代汉语,孔子在说,做君王与官员的,要给百姓以恩惠而不做大花费,使百姓劳作而没有怨恨,有追求而不贪图财利,庄重而不骄横,威严而不凶狠。子张举一而反三地问,那什么叫给百姓以恩惠而不铺张浪费(何谓惠而不费)?孔子再诲人不倦地一口气把五种美德解释到底:"因民之所利而利之,斯不亦惠而不费乎?择可劳而劳之,又谁怨?欲仁而得仁,又焉贪?君子无众寡,无小大,无敢慢,斯不亦泰而不骄乎?君子正其衣冠,尊其瞻视,俨然人望而畏之,斯不亦威而不猛乎(百姓想要谋的利就让他们去谋,这不就是给百姓恩惠而不做大花费吗! 选择可劳作的时间和事情让百姓去做,谁又会怨恨? 你的追求就是仁德,又有什么可贪的呢? 君子无论人多人少,无论势大势小,都不怠慢他们,这不就是庄重而不骄横吗? 君子衣冠整齐,外貌堂堂,让人生敬畏之心,这不就是威严而不凶狠吗)。"讲清了五美德,子张当然要问四恶政:"何谓四恶? "孔子说:"不教而杀谓之虐;不戒视成谓之暴;慢令致期谓之贼;犹之与人也,出纳之吝谓之有司(不经教化便加以杀戮叫做虐政;没有要求便要求结果叫作暴政; 下达缓慢执行命令又突然限期执行败政;赏人财物却出手吝啬叫作吝政)。"(《论语·尧曰篇》)

搞行政的其他要点还有,一是要慎言慎行。子张问孔子如何做官时,孔子教导他说:"多闻阙疑,慎言其余,则寡尤;多见阙殆,慎行其余,则寡悔。言寡尤,行寡悔,禄在其中矣。"(《论语·为政篇》)此话翻译出来就是:"要多听存疑考疑,其余有把握的也要慎言,这样过失就少;要多考虑风险,有握的也要谨慎行事,这样后悔就少。说话少过失,做事少后悔,官职俸禄就在这里了。"

二是要简洁便捷。有一天,仲弓(即冉雍)问孔子:您对子桑如何评价?孔子说:"可以,他办事简要。"这时仲弓说了一段话:"居敬而行简,以临其民,不亦可乎? 居简而行简,无乃大简乎(举止恭敬,行事简易,这样面对管辖的百姓,不是很好吗? 如果举止不拘小节,但行事简易,也是一种更大的简易吗)? "(《论语·雍也篇》)孔子肯定说:你说得对。这是孔子"行政要简洁"的思想。

孔子甚至还给出了行政的办事程序。孔子以郑国为例说:"为命,裨谌草创之,世叔讨论之,行人子羽修饰之,东里子产润色之。"(《论语·宪问篇》)命,指制定政令;裨谌、世叔、子羽、子产四人皆郑国大夫。这话说出的行政程序是:郑国造一辞命,先由裨谌起草稿,再经世叔讨论内容,然后由行人子羽修饰字句。最后东里子产再在辞藻上加以润色。

当官就要处理官司,审判案件时如何做呢? 孔子对打官司的态度也很值得我们深思："听讼，吾犹人也。必也使无讼乎(审理诉讼，我与别人没有两样。重要的是必须使诉讼根本不会发生)！"(《论语·颜回篇》)

需要补充的是，军事是政治的继续，孔子对军事领导的要求是善于谋划。仲由(字子路)勇敢力大，后来做了孔子的学生。孔子曾对别人说："自从我有了子路后，再也没有人敢当面恶言恶语中伤我了。"有一天，子路问孔子，老师如果让您统帅三军，你愿意谁和你一起共事呢？子路心想，老师一定会说："我一定会让你这样勇敢的大力士与我共事。"但孔子却说："暴虎冯河，死而无悔者，吾不与也。必也临事而惧，好谋而成者也。"暴，古汉字为"虣"(bào)，指徒手搏斗。暴虎，就是徒手搏虎。冯，古汉字为"淜"(píng)，意为无舟渡河。冯河即无舟渡河。孔子这段话是在教育子路不要有勇无谋，也因此提出对军事将领的要求："空手搏虎、涉水过河死了都不会后悔的人，我是不会选他共事的。我选的一定是遇事心存畏惧，善于谋划而能成事的人。"(《论语·述而篇》)

第二章　儒学伦理学

　　伦理学，就是道德学，是研究道德的产生、发展、本质、评价、作用以及道德教育、道德修养规律的学说。

　　中国汉族很早就进入农耕文明社会。农耕是以家庭为基本单位的生产活动。反映到道德上，中国儒学的伦理学便是一种以家庭伦理为出发点的伦理学。它从制订家庭成员关系的礼法出发，进而制订出亲戚朋友关系间的道德。这是中国伦理以家庭为中心这个特点的表现。又因为国家在中国人眼中就是一个大家庭，中国伦理学又饱含了政治统治的内涵。国家是最大的家庭，皇帝就是家长。各县州等管理机构，是中家庭，知县、知州就是家长（父母官）。家，就是小家庭，是社会的细胞，男子就是家长。

一、伦理的核心是"孝"字

　　儒学伦理学的核心是"孝"，指奉养父母并听从父母的意愿。对家长孝顺，长幼才能有序，全家才能和睦。孝发扬到家庭以外，发挥到社会上，就是对长辈的孝敬，对上司与皇帝的忠。孔子说："弟子入则孝，出则弟，谨而信，泛爱众，而亲仁，行有余力，则以学文（弟子们在家就要孝顺父母；出门要顺从师长，言行要谨慎，要诚实可信。爱大众，亲近有仁的人。这样躬行实践之后还有余力，就去学习文献知识）。"（《论语·学而篇》）

　　一个人如何算是做到孝了呢？孔子说："父在，观其志；父没，观其行；三年无改于父之道，可谓孝矣（父亲在世的时候，要观察他的志向；其父死后，要考察他的行为；若是他对他父亲的合理部分长期不加改变，这样的人可以说是尽到孝了）。"（《论语·学而篇》）某一次，孔子对驾车的樊迟进一步解释孝说："生，事之以礼；死，葬之以礼，祭之以礼（父母活着的时候，要按礼侍奉他们；父母去世后，要按礼埋葬他们、祭祀他们）。"（《论语·为政篇》）弟，古汉语中通悌，指敬重长上。相貌很像孔子的有子也说："其为人也孝弟，而好犯上者，鲜矣；不好犯上而好作乱者，未之有也。君子务本，本立而道生。孝弟也者，其为仁之本与（孝顺父母，顺从兄长，却喜好犯上者，这样的人是很少见的。不喜好犯上者，而喜好造反的人是没有的。君子专心致力于根本的事务，根本建立了，治国做人的原则也就有了。孝顺父母、顺从兄长，这就是仁的根本啊）！"（《论语·学而篇》）由此可见孝的政治地位，即孝建立便是仁建立，仁建立，便是道行天下了。

　　孝的重头戏是善待父母，所以孔子讲得比较多。"父母在，不远游，游必有方（父母在世，不远离家乡；如果一定要出远门，也必须把父母安顿好）。""事父母，几谏，谏志不从，又敬不违，劳而不怨（侍奉父母，父母有不对的地方可以谏言；如父母不采纳，仍要对他们恭敬并不违抗他们的要求，替他们操劳而不生怨）。""父母之年，不可不知也，一则以喜，一则以惧（父母的年纪，不可不知道。常为他们长寿而喜庆，又为他们的衰老而警惧）。"（《论语·里仁篇》）

　　孝悌的具体体现之一，就是父子互为隐恶。楚国的贵族叶公有一天来问孔子："我族人里有正直的人，他的父亲偷了羊，他就站出证实（吾党有直躬者，其父攘羊，而子证之）。"孔子说："吾党之直者异于是。父为子隐，子为父隐，直在其中矣（我的族人的正直人不是这样的。父为子隐恶，子为父隐恶，正直正在其中）。"（《论语·子路篇》）儒家从为亲人隐，进而推广到为尊者讳，既为帝王的名字避讳，也在上人去世后，为他们有意免谈一些错误缺点。如在写史书时，在某正面人物的传记中，不会写到该人的缺点错误，但在其他章节中则可以发现他犯过的错误。

作为孝悌的另一个体现，则是做好葬礼，尊重祖先。曾子说："慎终追远，民德归厚矣（慎重地对待父母的去世，追思远祖，全民道德便会日趋忠厚）。"（《论语·学而篇》）但孔子并不提倡厚葬，这可参见第一章第三节礼的相关内容。

此外，要学好伦理做好人，"地理伦理学"也提上议程。孔子教导说："里仁为美。择不处仁，焉得知（与仁德的人住在一起才好。如果选择跟没有仁德的人住在一起，怎么能得到智慧）？"（《论语·里仁篇》）

二、人际关系讲"诚信"

伦理关系从家族、亲戚再向外扩展，就是社会上人与人的关系了。孔子对人与人相处提出了"诚信"的要求。诚信最基本的要求是说到做到。孔子说："古者言之不出，耻躬之不逮也（古人话很少说出口，因为他们以自己做不到为耻辱啊）。"（《论语·里仁篇》）所以"君子欲讷于言而敏于行（君子要说话谨慎，而行动要敏捷）"。（《论语·里仁篇》）

树立了应当做的礼法，也需要规定禁止的行为。孔子提出了"耻"的标准。某天原宪请教孔子什么是耻，孔子说："邦有道，谷；邦无道，谷，耻也（国家行正道，去做官；国家不行正道，去做官，就是耻）。"（《论语·宪问篇》）

要说明的是,儒学的伦理不仅是上述内容,比如做官还有做官的道德,做学问还有做学问的道德,修身养性就是一种道德的培训。但这些都列于其他章节了,在此不再赘述。只是从上述两节中,我们已经可以看到的是,儒学的伦理学已成了其礼或说礼法构建的重要原则。

第三章　儒学修身学

每种宗教都有追求的最高境界。佛教是成佛(觉悟的人),道教是成仙。儒学是不是宗教尚有争议,但儒学就最高境界而言是成为圣人或说圣贤。儒学将人的品位(做人的境界)由高至低分了五个阶梯:圣、贤、君、士、庸。

一、何为圣贤君士庸

何为圣贤?圣贤是圣人与贤人的合称,指德才兼配的人。圣人并无具体标准,须根据史册与官方祭祀制度来确认。一般认为,行事完全顺应天道、地道、人道客观规律,处理问题能够标本兼治,且民心所向,忠君爱民并有所建功立业者,即为圣人(习惯上也称圣贤)。中国历史上公认的圣人为三个半,三圣人即孔子、孟子、王阳明,他们做到了儒家所说的"三立"(立德、立功、立言)伟业;半个圣人是曾国藩。

何为贤人,孔子说贤者的标准是这样的:"不逆诈,不亿不信,抑亦先觉者,是贤乎(不预先怀疑别人的欺诈,也不无根据地猜测别人的不老实,却能及早发觉,就是贤者)!"(《论语·宪问篇》)孔子还说:"贤者辟世,其次辟地,其次辟色,其次辟言(贤者会避开乱世,差一等的会避开是非之地,再差一等的会避开别人的脸色,更差一等的会避开不好的言辞)。"(《论语·宪问篇》)

　　孔子论述君子的标准是:"君子道者三,我无能焉:仁者不忧,知者不惑,勇者不惧(得道成为君子必有三个表现,我没有做到呢。仁德者不会忧愁,智慧者不会困惑,勇敢者不会畏惧)。"(《论语·宪问篇》)就孔子提出的君子"仁、智、勇"三标准,子贡说:"夫子自道也(孔子说的正是自己对道的追求)。"(《论语·宪问篇》)孔子还在子路问他什么是君子时说:"修己以敬(修养自己达到恭敬的境界)。"子路再问:"就这些吗(如斯而已乎)?"孔子补充说:"修己以安人(修养自己让周围的人安乐)。"子路再问:"就这些吗(如斯而已乎)?"孔子再补充一句:"修己以安百姓。修己以安百姓,尧、舜其犹病诸(修养自己以安全国百姓。修养自己以安百姓,尧帝舜帝都怕很难做到呢)!"(《论语·宪问篇》)这句话,后来就发扬光大到"修、齐、治、平"的君子志向了。

　　孔子对君子的标准和要求还有:"君子义以为质,礼以行之,孙以出之,信以成之。君子哉(君子以义为根本,行为符合礼仪,言语谦逊,以诚信的态度来做事。这就是君子呀)!"(《论语·卫灵公篇》)

　　"君子病无能焉,不病人之不己知也(君子只怕自己无能力,不怕人不知道自己)。"(《论语·卫灵公篇》)

　　"君子疾没世而名不称焉(君子最怕去世后名誉没有与自己的追求一致)。"(《论语·卫灵公篇》)

　　"君子求诸己,小人求诸人(君子成功通过修身,小人成功求于别人)。"(《论语·卫灵公篇》)

　　"君子矜而不争,群而不党(君子矜持而不与人争吵,有志同道合的朋友而不结党营私)。"(《论语·卫灵公篇》)

"君子不以言举人，不以人废言（君子不凭一个人说的话来举荐他，也不因为不喜欢一个人而不采纳他的进言）。"（《论语·卫灵公篇》）

"君子有九思：视思明，听思聪，色思温，貌思恭，言思忠，事思敬，疑思问，忿思难，见得思义（君子有九种要思考的事：看的时候，要思考是否看清了；听的时候，要思考是否听清楚了；摆脸色，要思考是否温和；整容貌，要思考是否谦恭；言谈时，要思考是否忠诚；办事时，要思考是否敬畏；有疑问时，要思考是否应该向别人询问；愤怒时，要思考是否有后患；获取财利时，要思考是否合乎义的准则）。"（《论语·季氏篇》）

君子可不可以有讨厌的事？可以有。有一天，端木赐（字子贡）问："君子也有厌恶的事吗（君子亦有恶乎）？"孔子说："有恶。恶称人之恶者，恶居下流而讪上者，恶勇而无礼者，恶果敢而窒者（有厌恶的事。厌恶宣扬别人坏事的人，厌恶身居下位而诽谤上位者的人，厌恶勇敢而不懂礼数的人，厌恶果断而不让别人说话的人。）"孔子这时反过来问他："赐，你也有厌恶的事吗？"端木赐说："恶徼以为知者，恶不孙以为勇者，恶讦以为直者（厌恶抄得一知半解就以为有知识的人，厌恶把不谦虚当作勇敢的人，厌恶攻讦他人以为直率的人）。"（《论语·阳货篇》）

士人，是有知识之人，总是要学而优则仕的，所以笔者认为士人的标准即官员的标准，读者可以参看孔子提出的官员标准。

庸人，就是常人，去除上述四等，自然可算作庸人。

二、如何提升修养

人的品位分五个阶梯，人只有通过修养才能提升道德，道德提升了，人才能上升到更高的品位。这要如何做？有一天，子贡问孔子道："有没有一句话可以终身奉行的呢（有一言而可以终身行之者乎）？"孔子回答说有："其恕乎！己所不欲，勿施于人（那就是恕吧！自己不愿意的，不要强加给别人）。"（《论语·卫灵公篇》）这大约就是孔子定出的最低道德标准了吧。

孔子说:"见贤思齐焉,见不贤而内自省也(见到贤人,就应该向他学习、看齐;见到不贤的人,就应该自我反省会不会堕落到像他这样)。"(《论语·里仁篇》)曾子(编《论语》、写《大学》《孝经》者)说:"吾日三省吾身:为人谋而不忠乎?与朋友交而不信乎?传不习乎(我每天三次反省自己:为别人办事是不是尽心竭力了呢?同朋友交往是不是做到诚实可信了呢?老师传授的学业我是不是复习了呢)?"(《论语·学而篇》)自省,应当是儒者每天的功课,就像佛家弟子每天的早课一样。这说明儒学的自省不是只在口头上说说的,而是要每日在规定时间做到的。

每日三省,见贤思齐,要做到这一点,还须有闻过则喜的态度。鲁国与吴国同姓姬。吴国第一代君王是泰伯(《论语》中有以泰伯为名的一篇,孔子对他三让天下而称他有"至德"),是周文王的叔父。泰伯的父亲为周部落首领古公亶父。鲁国第一代国君是周公旦之子伯禽,周公旦是周文王的儿子,应称泰伯为(堂)爷爷,伯禽则称其为(堂)太爷。后来鲁国国君昭公娶了吴国一位公主为夫人,这就违反了周礼同姓不通婚的规定。鲁昭公就改此夫人姓名为吴孟子。有一天,陈国的司败(官职,即司寇)问孔子:"贵国的鲁昭公知礼吗?"孔子知道他讲的是鲁昭公的这件事,但鲁昭公已去世,出于为逝(尊)者讳的礼法规定(也许还有私人感情,鲁昭公在孔子生了儿子时给他送了一条鲤鱼),孔子回答:"昭公知礼。"孔子退出去后,趁着孔子的弟子巫马期还没有走,陈国司败向他一揖说:"我听说君子不结党(褊袒人)。但你的老师不是结党了吗?你们国君娶了同姓女子,还为她改名字。如果说鲁昭公是知礼的,那天下哪里还有知礼的人!"巫马期出门后将此话告诉了孔子,孔子说:"丘也幸,苟有过,人必知之(我孔丘多幸运呀,一有过,人就会告诉我)。"(《论语·述而篇》)

有做功课的规定,当然也有外表的规定。有一天,子禽问子贡,老师每到一个国家,就要问一下政事。他去问政事,是他主动要求去问,还是人家来找他请教?子贡说,老师一副"温良恭俭让"的气度,当然就有吸引力。就是主动去问政,也与他人的"主动"不同啦。这里"温良恭俭让"(温和、善良、恭敬、节俭、忍让)是当时儒学要求的做人的外在标准。

平日的服饰也有要求:"君子不以绀緅饰,红紫不以为亵服。当暑袗絺绤,必表而出之。缁衣羔裘,素衣麑裘,黄衣狐裘。亵裘长,短右袂。必有寝衣,长一身有半。狐貉之厚以居。去丧,无所不佩。非帷裳,必杀之。羔裘玄冠不以吊。吉月,必朝服而朝。"(《论语·乡党篇》)绀,深青透红的颜色,斋戒时用;緅,黑中透红,用于丧服。所以孔子说:"君子不用深青透红或黑中透红的布镶边。"不用红色或紫色的布做平常在家穿的衣服,是因为这两种颜色的布一贯是用于朝服的。下面几句的意思是:"夏天,内衣外面要穿上粗的或细的葛布单衣才能出门。冬天,黑色外衣要配黑羊羔皮袍,素色外衣要配素色鹿皮袍。黄色外衣要配狐皮袍。家穿的皮袍做得长一些,右边的袖子短一些。睡觉一定要有睡衣,要有一身半长。狐貉毛皮厚,适合做坐垫。丧服期满,便可佩带上各种饰品。如果不是礼服,一定要剪裁多余的布。不穿黑色的羔羊皮袍和朝服去吊丧。每月初一,一定要穿着礼服去朝拜君主。语言学家杨伯峻注:羔裘玄冠都是黑色的,古代都用作吉服。(《仪礼·士官礼》:"玄冠,朝服。")

对斋戒也有要求:"齐,必有明衣,布。齐必变食,居必迁坐。"(《论语·乡党篇》)齐,即斋。明衣,浴衣。这句的意思是:"斋戒沐浴时,一定要有浴衣,且是布做的。斋戒的时候,一定要不用平常的饮食(指不喝酒,不吃有刺激味的东西),居住也要换房(指不与妻妾同房)。"

修养的人饮食上也要讲究:"食不厌精,脍不厌细。食饐而餲,鱼馁而肉败,不食;色恶,不食;臭恶,不食;失饪,不食;不时,不食;割不正,不食;不得其酱,不食。肉虽多,不使胜食气。唯酒无量,不及乱。沽酒市脯,不食。不撤姜食,不多食(粮不嫌做得精,肉不嫌切得细。粮食陈旧就变味,鱼腐而肉败,都不吃。食物的颜色不对,不吃。气味不对,不吃。烹调不当,不吃。不当时令,不吃。肉切得不方正,不吃。酱料放得不适当，不吃。席上的肉虽多，但吃的量不超过米面的量。只有喝酒没有定量，但以酒后不乱为限。从市上买酒买肉干，不吃。每餐须有姜，但也不多吃）。"（《论语·乡党篇》）

吃饭和睡觉的要求是："席不正，不坐（席子放得不端正，不坐）。"（《论语·乡党篇》）"食不语，寝不言（吃饭不说话，觉前不唠嗑）。"（《论语·乡党篇》）

在对待他人上，要宽以待人、严以律己。孔子说："躬自厚而薄责于人，则远怨矣（自律多些责备他人少些，就远离别人的怨恨了）。"（《论语·卫灵公篇》）有一天，子贡（端木赐）说别人的不是。孔子是这样教育他的："赐也贤乎哉？夫我则不暇（子贡，你就达到圣贤的标准了么？我可没有闲工夫去说人呢）。"（《论语·宪问篇》）

在交友上，孔子说："益者三友，损者三友。友直、友谅、友多闻，益矣；友便辟、友善柔、有便佞，损矣（交三种朋友有益人生，交三种朋友有害人生。同正直的人、诚信的人、见闻广博的人交友，这是有益的。同不诚实的人、阿谀奉承的人、巧言谄媚的人交朋友，这是有害的）。"（《论语·季氏篇》）他还教导说："可与共学，未可与适道；可与适道，未可与立；可与立，未可与权（可以一起学习的人，未必都能同道；能够同道的人，未必能够共创业；能够共创业的人，未必能共权衡决策）。"（《论语·子罕》）

在养成爱好上，孔子说："益者三乐，损者三乐。乐节礼乐、乐道人之善、乐多贤友，益矣；乐骄乐、乐佚游、乐宴乐，损矣（三种爱好有益人生，三种喜好有损人生。娱乐在礼乐的范围之中，乐于称道别人的善行，乐交贤者为友，是有益的。喜放纵的音乐，喜放纵的游玩，喜宴席，这是有损的）。"（《论语·季氏篇》）

做了这么多外在的修身养性的功课，是为了达到做人的内在的道德标准，这就是"五常"——"仁、义、礼、智、信"。就做官而言，目标是要达到官品"忠、孝、勇、恭、廉"。不过这已是后人对孔子儒学的发展了。孔子当时最推崇的修养要达到的为人处事的境界是中庸。他说："中庸

之为德也，其至矣乎！民鲜久矣（中庸作为一种道德，该是最高境界了吧！人们缺少这种道德已经很久了）。"（《论语·雍也篇》）

当然，修养也不是放在口头上的，修养重在实践。孔子是最重实践的。子贡问什么人是"君子"时，孔子说："先行其言而后从之（对于你要说的话，先实行再说出来）。"（《论语·为政篇》）

那发财与修养是否矛盾呢？有修养的君子就不可以追求财富了吗？否。这里顺便看一下孔子对财富的态度。在传统观念上，似乎求德与求财是相违背的，"商"的社会地位也是很低的，因为君子讲的是"义"，只有小人才会去讲利。但细细考研孔子的论述，孔子对财富并不排斥。他有一句很极端的"发财论"："富而可求也，虽执鞭之士，吾亦为之。如不可求，从吾所好（如果有发财的机会，即使是执鞭这样的职位，我也愿意去做。如果没有机会，我就去做我喜爱的事）。"（《论语·述而篇》）此句也有人译为："如果富贵合乎于道就可以去追求，即使是给人执鞭的下等差事，我也愿意去做。"

为此，孔子还树立了一个修养好有君子之道的榜样——子产。他在评论子产时说："有君子之道四焉：其行己也恭，其事上也敬，其养民也惠，其使民也义（举手投足时谦逊有礼，侍奉君主恭敬有加，养护百姓惠泽四方，役使百姓有仁有义）。"（《论语·公冶长篇》）

三、孔子的仪表

孔子自己也为众人树立了榜样："孔子于乡党，恂恂如也，似不能言者；其在宗庙朝廷，便便言，唯谨尔。朝，与下大夫言，侃侃如也；与上大夫言，訚訚如也。君在，踧踖如也，与与如也。"恂恂，指恭谨温和；便便，指明白流畅；侃侃，指健谈；訚訚，指和悦又在理；踧踖，反映恭敬且有些不安；与与，则指威仪合度。《论语·乡党篇》的这段记载是说，孔子在故乡时显得恭谨温和，像不会说话的人。在宗庙与朝廷，说话明白流畅，但谨慎。等上朝时，同下大夫说话，很健谈；同上大夫说话，和悦又在理；国君来了，恭敬略显不安，但又威仪合度。

孔子替国君接待外宾是这样的："君召使摈，色勃如也，足躩如也。揖所与立，左右手，衣前后襜如也。趋进，翼如也。宾退，必复命曰：'宾不顾矣。'"（《论语·乡党篇》）翻译成现代汉语就是：国君召孔子去接待宾客，孔子脸色立即庄重起来，脚步也快起来，先向站在一排的人作揖告辞，先左后右理好袖子，整理前衣后摆，至整齐不乱。然后快步晋见，衣如鸟儿展开双翅一样。送宾客走后，必定向君主回报说："客人已经不回头张望了。"

孔子上朝时是这样的："入公门，鞠躬如也，如不容。立不中门，行不履阈。过位，色勃如也，足躩如也，其言似不足者。摄齐升堂，鞠躬如也，屏气似不息者。出，降一等，逞颜色，怡怡如也；没阶，趋进，翼如也；复其位，踧踖如也（孔子走进朝廷的大门，恭恭敬敬，好像没有他的容身之地。站不在门的中间；走不踩门坎。经过国君的座位时，脸色庄重，脚步加快，说话也中气不足。提起衣服下摆向堂上走的时候，恭恭敬敬，屏住呼吸好像不出气一样。退出来，走下台阶，脸色便舒展了，怡然放松。走完台阶，小步快行，衣如鸟儿展翅。再回到自己的位置，又是恭敬而略不安的样子）。"（《论语·乡党篇》）

孔子出使外国又是这样的："执圭，鞠躬如也，如不胜。上如揖，下如授。勃如战色，足蹜蹜如有循。享礼，有容色。私觌，愉愉如也（手拿玉圭，恭恭敬敬，像有些力所不能的样子。上举圭时好像作揖，放下时好像给人递东西。脸色庄重如战栗，步子小小有规矩。在赠礼时，面色和悦。和国君私下会面，轻松愉快）。"（《论语·乡党篇》）

孔子对待先祖是这样的："虽疏食菜羹，必祭，必齐如也（即使是粗食蔬菜薄汤，吃饭前也要取出一些来祭祖，表情像斋戒时那样恭敬）。"（《论语·乡党篇》）

孔子对待老人是这样的："乡人饮酒，杖者出，斯出矣（乡里饮酒礼仪结束后，等老年人先出去，他才出去）。"（《论语·乡党篇》）

孔子对待祭祀是这样的："乡人傩，朝服而立于阼阶（乡里举行宗教仪式时，孔子总是穿着朝服站在东边的台阶上）。"（《论语·乡党篇》）

孔子托人办事的礼节是这样的："问人于他邦，再拜而送之（托人向在其他邦国的朋友问候送礼，并向受托者拜礼两次并送行）。"（《论语·乡党篇》）

孔子对待朋友是这样的。子贡问怎样对待朋友，孔子说："忠告而善道之，不可则止，毋自辱焉（给他忠告，友善地告诉他，不听也就罢了，不去自取其辱）。"（《论语·颜回篇》）子曾还补充过一句："君子以文会友，以友辅仁（君子以文章学问来结交朋友，让朋友帮助培养自己的仁德）。"（《论语·颜回篇》）

孔子对待乡亲是关心的。"厩焚，子退朝，曰：'伤人乎？'不问马（马厩失火，孔子一下朝问的是有无人员伤亡，没有问马）。"（《论语·乡党篇》）"朋友死，无所归，曰：'于我殡。'（朋友死了，没有亲属，孔子说："丧事由我来办吧。"）"（《论语·乡党篇》）

孔子半路上遇到人与事是这样的："见齐衰者，虽狎，必变。见冕者与瞽者，虽亵，必以貌。凶服者式之，式负版者。有盛馔，必变色而作。迅雷风烈，必变（看见穿丧服的人，即使是关系很亲密的，也一定严肃起来。看见官员和盲人，即使是常在一起的，也一定要有礼貌。在乘车时遇见穿丧服的人，便伏前横木上示礼。遇见背负国家文籍的人，也示礼。作客时遇丰盛的筵席，就神色严肃地站起来致谢。遇见迅雷大风，一定神色严肃以示对上天的敬畏）。"（《论语·乡党篇》）

孔子坐车是这样的："升车，必正立，执绥。车中不内顾，不疾言，不亲指（上车时，一定直立站好，然后拉着扶手上车。在车上不四处观望，不高声说话，不用手指指点点）。"（《论语·乡党篇》）

孔子的这套具体的做派，也是儒生与官场上人走有走相、站有站相、坐有坐相、待人接物均有风范的来由吧。

第四章　儒学教育学

一、学习的重要性所在

人为什么要学习？孔子是这样对仲由（字子路）谈学习的重要性的。他说："由也，女闻六言六蔽矣乎（仲由啊，你听说过六种品德和六种弊病的说法吗)？"仲由说没有啊。孔子说："居！吾语女。好仁不好学，其蔽也愚；好知不好学，其蔽也荡；好信不好学，其蔽也贼；好直不好学，其蔽也绞；好勇不好学，其蔽也乱；好刚不好学，其蔽也狂（坐下，我告诉你。爱好仁德而不爱好学习，它的弊病是会受愚弄；爱好智慧而不爱好学习，它的弊病是行为放荡；爱好诚信而不爱好学习，它的弊病是易受伤害；爱好直率却不爱好学习，它的弊病是口直伤人；爱好勇敢却不爱好学习，它的弊病是犯上作乱；爱好刚正却不爱好学习，它的弊病是狂妄自大)。"（《论语·阳货篇》）

儒学本是入世的学说，其教育学的目的之一是学而优则仕的，是要教育出好人才去建功立业、立言立德的，这也是孔子强调的学习的重要性所在。孔子教导说："不患无位，患所以立。不患莫己知，求为可知也（不怕没有官位，就怕自己没有学到建功立业的本领。不怕没有人知道自己，只求有扬名立万的真才实学）。"（《论语·里仁篇》）

二、教学的宗旨与原则

建立政治秩序，建立有效的伦理道德，提倡成圣成贤成君成士的修身之途，均要通过对人的教育来实现。由此，孔子确立的教育宗旨是："志于道，据于德，依于仁，游于艺（以弘扬大道为志向，以品德为立身之本，以仁为行事准绳，以六艺为立业之本）。"（《论语·述而篇》）由此，孔子的教育学是要倡导正能量的——子不语怪、力、乱、神（孔子不谈论怪异、暴力、作乱、鬼神）。（《论语·述而篇》）

儒学教育学的原则是"有教无类"（《论语·卫灵公篇》）。孔子说："自行束修以上，吾未尝无诲焉（自行检点的人，我没有不给他教诲的）。"（《论语·述而篇》。注："自行束修"译为"自行检点"，是南国瑾先生的理解。一般人理解为"给我带来十束以上干肉的人"。）他还说："民可使，由之；不可使，知之（民众有相应的能力了，就可派遣。民众不具有相应的能力，就去教育他）。"（《论语·泰伯篇》）

就"有教无类"的重点而言，孔子似乎更重视平民教育。他说："先进于礼乐，野人也；后进于礼乐，君子也。如用之，则吾从先进（先学习礼乐而后再做官的人，是住在郊野的平民；先当了官然后再学习礼乐的人，是卿大夫子弟。如果要选用人才，我会选先学习礼乐的平民）。"（《论语·先进篇》）

三、教育方针：德智体全面发展

儒学教育学主张德智体全面发展的方针。

首先，孔子自己是德智体全面发展的。他懂诗。他评价"关关雎

鸠,在河之洲。窈窕淑女,君子好逑……"的《关雎》时说:"《关雎》,乐
而不淫,哀而不伤(《关雎》这篇诗,快乐而不放荡,忧愁而不哀伤)。"
(《论语·八佾篇》)在与鲁的乐师谈音乐时,又说:"乐其可知也。始作,
翕如也;从之,纯如也,皦如也,绎如也,以成(乐理是可知的。演奏
开始时,器乐是和顺收敛的;继而是纯净的,明快的,绵绵不断的,这
样的乐曲就是成功的)。"(《论语·八佾篇》)在听到《韶》乐时,他赞
道:"尽美矣,又尽善也。"(《论语·八佾篇》)听到《武》曲时,他评论
道:"尽美矣,未尽善也。"(《论语·八佾篇》)他在齐国听到上古舜帝
的大型古宫廷乐曲《韶》乐,三月沉浸在乐曲的美味中而不知肉的滋
味,并说:"不图为乐之至于斯也(想不到《韶》乐的美达到了这样
迷人的地步)。"(《论语·述而篇》)

就德育而言,孔子是讲究志向和气节培养的。孔子说:"三军可夺
帅也,匹夫不可夺志也(一国的军队,可以夺去它的主帅;但一个男人,
他的志向是不能被夺走的)。"他鼓励学生们说:"后生可畏,焉知来者
之如今也? 四十、五十而无闻焉,斯亦不足畏也已(年轻后生是可敬畏
的,怎么就知道后一代不如如今这一代呢? 只是你们到了四五十岁还
默默无闻,那时就没有值得敬畏的了)。"孔子还说:"岁寒,然后知松柏
之后凋也(到寒冷时才知道松柏是最后一个凋零的)。""知者不惑,仁
者不忧,勇者不惧(智者不被迷惑,仁者不会忧愁,勇者不会畏惧)。"
(以上四句均出自《论语·子罕篇》)

就体育而言,孔子教学生的六艺(礼、乐、射、御、书、数)中即有射
与驾车的技艺,其中体育成分是显而易见的。

四、应有的学习态度

儒学教育学从学习态度上讲,一是要学生四杜绝:"子绝四:毋意、
毋必、毋固、毋我(孔子要求杜绝四种态度:不要主观妄断,没有必定的
方式,不固执,不要以我为中心)。"(《论语·子罕篇》)

儒学教育学主张的第二种学习态度是实事求是。学习的目的之一

是培养出智慧，但"知之为知之，不知为不知，是知也（知道就是知道，不知道就是不知道，这本身就是智慧啊）！"（《论语·为政篇》）

儒家教育学主张的第三种学习态度是继承古人的智慧。孔子说："不践迹，亦不入于室（如果不沿着前人的脚印走，其学问和修养就学不到家）。"（《论语·先进篇》）

儒家教育学主张的第四种学习态度是终身学习。孔门弟子子夏就说："仕而优则学，学而优则仕（做官做得优秀在于学习，学习优秀的可去做官）。"（《论语·子张篇》）

五、教师

教育的问题首先是教师的问题。孔子对教师的要求是："默而识之，学而不厌，诲人不倦，何有于我哉？"（这是孔子在讲自己当教师的体会："通过默记而掌握教学点，自己学习不觉得厌烦，教导学生不知道疲倦，除此我还会什么呢）？"（《论语·述而篇》）当然，孔子本身就是个好学习的人，他对自己的自画像是："我非生而知之者，好古，敏以求之者也（我不是生来就有知识的，只是珍爱古代的东西，机敏地从中去求得知识）。"（《论语·述而篇》）《论语·述而篇》还记载，孔子与别人一起唱歌，如果这位唱得好，孔子一定要请他再唱一遍，然后和他一起唱。

孔子对教师还有一个要求，讲"雅言"。《论语·述而篇》记载孔子讲《诗》《书》和行礼仪时皆讲"雅言"。

儒学教育学主张教师要因人施教。首先，孔子承认受教育者生来智力上是有差别的："中人以上，可以语上也；中人以下，不可以语上也（对中等水平以上智力的人，可以给他讲授高深的学问；对中等水平以下智力的人，不可以给他讲高深的学问）。"（《论语·雍也篇》）《论语·先进篇》里记载了孔子因人施教的一个故事：有一天，弟子子路问："听到了正确的言论就行动起来吗？"孔子说："有父兄在，怎么能听言就行呢？"又一天，弟子冉有也问了同样问题，孔子说："听到了正确的言论就要行动起来。"弟子公西华不解,问:"仲由问'听到了正确的言论就行动起来吗',您回答说:'有父兄健在',冉求问同样的问题,您却回答说:'听到了正确的言论就要行动起来。'我被弄糊涂了,想要再问个明白。"孔子说:"冉求总是退缩,所以我鼓励他;仲由好勇过人,所以我要约束他。"(原文:子路问:"闻斯行诸?"子曰:"有父兄在,如之何其闻斯行之?"冉有问:"闻斯行诸?"子曰:"闻斯行之。"公西华曰:"由也问闻斯行诸,子曰'有父兄在';求也问闻斯行诸,子曰'闻斯行之'。赤也惑,敢问。"子曰:"求也退,故进之;由也兼人,故退之。)

六、学习方法

儒学教育学主张的学习方法之一是"快乐学习"。孔子说:"知之者不如好之者;好之者不如乐之者(想要知晓一门学问的人,不如爱好这门学问的人,爱好这门学问的人,不如享乐这门学问的人)。"(《论语·雍也篇》)

儒学教育学主张的学习方法之二是循序渐进,学以致用。孔子说:"兴于《诗》,立于礼,成于乐。"(《论语·泰伯篇》)主张先通过学诗培养学习兴趣,再通过学礼知道做人的规矩,进而学乐得到技能。孔子主张的循序渐进的另一个有效办法是温故而知新。曰:"温故而知新,可以为师矣(在温习旧知识时,能有新体会、新发现,就可以当老师了)。"(《论语·为政篇》)

儒学教育学主张的学习方法之三是研究性学习。孔子说:"学而不思则罔,思而不学则殆(只读书而不思考,仍会迷茫;只想而不去读书,就会陷入困境)。"(《论语·为政篇》)

儒学教育学主张的学习方法之四是向一切人学习。孔子在回答子贡为什么在孔文子去世后给他谥号为"文"时说:"敏而好学,不耻下问,是以谓之文也(学习上敏锐,向地位卑微的人请教不以为耻,所以给他谥号"文")。"(《论语·公冶长篇》)孔子一句耳熟能详的名言是:"三人行,必有我师焉。择其善者而从之,其不善者而改之(三个人一起走路，其中必定有人可以做我的老师。我选择他善的品德向他学习，以他不善的地方作为借鉴改掉自己的缺点）。"（《论语·述而篇》）曾子也补充说："以能问于不能；以多问于寡；有若无，实若虚，犯而不校。昔者吾友尝从事于斯矣（有才能却向没有才能的人请教，知识多却向知识少的人请教，有学问却像没学问一样；知识很充实却虚怀若谷；受触犯却不计较——从前我有朋友就这样做的）。"（《论语·泰伯篇》）

儒学教育学主张的学习方法之五是启发式教育。首先要学。孔子说："吾尝终日不食、终夜不寝以思，无益，不如学也（我曾经整天不吃饭、彻夜不睡觉去思考，结果没有收获，还不如去学习）。"（《论语·卫灵公篇》）其次学后要举一反三。孔子说："不愤不启，不悱不发，举一隅不以三隅反，则不复也。"（《论语·述而篇》）愤，是心里想求通而未通；悱，心里想说又不知道如何说。孔子的意思是："不到学生非想弄明白而做不到时，不去开导他；不到学生非常想说却说不出来时，不去启发他。教给他一个知识，学生不能由此联想推知其他三个知识，那就不再教他这个知识点了。"孔门弟子陈亢就是一个能举一反三的好学生。一次，孔子的儿子鲤（字伯鱼）从孔子院里出来，陈亢问他，老师对你讲了什么新知识吗？鲤说，没有啊。上次他就这么立在那里，我走过时他问我，学《诗》了没有？我说还没有。他说："不学《诗》，无以言（不学《诗》，就无法讲好话）。"我回来就读了《诗》。这一次，他还在院中立着，我走过时，他问学《礼》了吗？我回答，还没有。他说："不学《礼》，无以立（不学《礼》，就无法立足）。"陈亢一听高兴地说，问一得三，一知学《诗》的意义，二知学《礼》的意义，三知君子是不偏爱儿子的。（《论语·季氏篇》）

儒学教育学主张的学习方法之六是要提纲挈领。有一天，孔子说："端木赐（子贡）啊！你以为我是学习得多了才——记住的吗（赐也，女以予为多学而识之者与）？"端木赐有些糊涂了，老师就是一个勤奋好学的人啊。他说："然，非与（我就是这样认为的，难道不是吗）？"孔子这时候开导他："非也，予一以贯之（不是的，我是以一条纲来提纲挈领

的）。"（《论语·卫灵公篇》）

儒学教育学主张的学习方法之七是勇于纠错。孔子说："过而不改，是谓过矣（犯了错误不改正，才是真正的错）。"（《论语·卫灵公篇》）

七、学生与成才

定好了教育方法，孔子对学生的要求就简单了："多闻，择其善者而从之；多见而识之，知之次也（多听，选择其中好的来学习；力争多去见识，知识或智慧就来了）。"（《论语·述而篇》）

那学到什么时候就算成才了呢？有一天，子路问孔子这个问题时，他回答说："若臧武仲之知、公绰之不欲、卞庄子之勇、冉求之艺，文之以礼乐，亦可以为成人矣（有臧武仲的聪明智慧，有公绰的无欲淡泊，有卞庄子的勇敢无畏，有冉求的多才多艺，再有学礼乐而修养出来的文雅，也就可以算是成人了）。"想想"智、淡、勇、艺、文"五个标准可能高了一些，孔子降了一下标准说："今之成人者何必然？见利思义，见危授命，久要不忘平生之言，亦可以为成人矣（现在成人未必一定要做到这样呢。看到利时能想义，遇到危险能勇于牺牲，久处穷困不忘平生志愿，也可以算成人了）。"（《论语·宪问篇》）

学成以后如何就业呢？孔子也想到了："笃信好学，守死善道。危邦不入，乱邦不居。天下有道则见，无道则隐。邦有道，贫且贱焉，耻也；邦无道，富且贵焉，耻也（坚定信念喜欢学习，誓死捍卫行善之道。不进入政局不稳的国家，不居住在动乱的国家。天下有道就出来做事，天下无道就隐居。国家有道而自己贫贱，是耻辱；国家无道而自己富贵，也是耻辱）。"（《论语·泰伯篇》）

结束语

孔子不认为自己的学说与道是一成不变的，而要靠后人不断地去发现真理。他说："人能弘道，非道弘人（人要弘扬道，而不是用道弘扬自己的名声）。"（《论语·卫灵公篇》）

　　孔子最初的学说是讲仁讲礼讲修身讲学习，后来发展到"仁、义、礼、智、信"的五常之道，这便是儒生们在发扬老师的道，也是儒学的生命力所在。孔子，站在儒学的第一高峰，成为人类思想与学说的贤人，这已是不可推翻的历史结论。

孔孟原道

民本与仁政:《孟子》通读

前言

　　孟子（前 372 年—前 289 年），名轲，字子舆（一说字子车或子居），汉族，战国时期邹国（今山东省邹城市周围地区）人，鲁国庆父后裔，他出生时距孔子之死（前 479）大约百年左右。关于他的身世，流传下来的已很少。《史记·孟子荀卿列传》说他"受业子思（孔子孙）之门人"。孟子也像孔子一样，曾带领学生游历魏、齐、宋、鲁、滕、薛等国，并一度担任过齐宣王的客卿。由于他的政治主张也与孔子一样不被重用，所以回到家乡聚徒讲学，与学生万章等人著书立说，"序《诗》《书》，述仲尼之意，作《孟子》七篇"。《孟子》是中国儒家典籍中的一部，记录了战国时期思想家孟子的治国思想和政治策略，是孟子和他的弟子共同的成果。《孟子》在儒家典籍中占有很重要的地位，为"四书"之一。

　　孟子是亚圣。儒学将人的品位分为圣人、贤人、君子、士与庸人五级，有一种说法是，中国历史上的圣人为三个半，三圣人即孔子、孟子、王阳明，孟子位列其中，半个圣人是曾国藩。他们做到了儒家所说的"三立"（立德、立功、立言）伟业。

孟子能成为圣人，是因为他对孔子所创的儒学有了发展，他明确提出了民本思想与行仁政的政治学理念。

毛泽东主席曾说过：从孔夫子到孙中山我们都要好好研究、总结。他对孔子的评价是："孔夫子的好多想法是对的，可是这些对的就是在当时也实现不了，后世的孔夫子已经不是当时的孔夫子，是被历代统治阶级包装的孔夫子。"南开大学教授、天津市国学研究会副会长艾跃进 2013 年 1 月 2 日在北京人民大会堂宾馆演讲时说："毛泽东批孔批的是被历代皇上所包装的、所推崇的那个孔夫子。毛批的那个孔，不是《论语》的那个孔，是被后世历代统治者利用、包装的那个孔。"这句话是不是也在同样提示我们，共产党人对原汁原味的儒学并不是反对的。这给了我读完《论语》再去读体量比《论语》大很多的《孟子》，去进一步领会原汁原味儒学以动力。

我通读完了《孟子》，我做了如下分类和翻译。

第一章　民本

　　孟子的名言是："民为贵,社稷次之,君为轻。"
(《孟子·尽心章句下第十四节》)此句一出,惹多少君
王心中不快,明朝开国皇帝朱元璋就小气地把《孟
子》排斥在必学的儒学经典之外；又惹多少君王深
思,真正想治好国的唐太宗就从中得出"水可载舟亦
可覆舟"的感悟。这段话的全文是："民为贵,社稷次
之,君为轻。是故得乎丘民而为天子,得乎天子为诸
侯,得乎诸侯为大夫。诸侯危社稷,则变置。牺牲既
成,粢盛既洁,祭祀以时,然而旱干水溢,则变置社
稷。"这段话翻译成现代汉语是:

　　"人民最尊贵,国家(或译土神和谷神)次要,君
主为轻。因此得到小民的承认者就可以为天子,得到
天子承认者就可以为诸侯,得到诸侯承认者就可以
为大夫。诸侯危害国家,天子就另外改立。已用牲畜
做了祭祀,盛在祭器里的粮食十分洁净,祭祀也按时

举行,但仍发生旱灾水灾,那么国家就应当换君王了。"此文说到了变置社稷,如果孟子的本意是变更君王,那谁来变? 没有讲,看来是天来变。还有一种翻译是,变置土神和谷神。这当然就可以由天子来变。然而神是天帝的大臣,天帝在凡间的儿子能变得了吗? 可见翻译成变置土神和谷神似说不通。自然界有了灾害,说明天子在人间有过错,如果天子不改正错误,天帝就会变更朝代。中国古代历朝历代流传下来的传统,倒成了孟子这段话最好的注释。

孟子还说过一个"出尔反尔"的例子,讲出了载舟覆舟的道理,为自己的民本思想做了一个铺垫。那天,邹国与鲁国发生战争。邹穆公对孟子说出了自己的一个愤愤不平的事。他说:"我的官吏死了三十三个,百姓却没有一个为他们而牺牲的。杀这些百姓吧,杀不了那么多人;不杀他们吧,又实在恨他们眼睁睁地看着长官被杀而不去营救。对此我该怎么办才好呢(吾有司死者三十三人,而民莫之死也。诛之,则不可胜诛;不诛,则疾视其长上之死而不救,如之何则可也)?"是啊,对不救长官的人该如何处置呢?这种人似乎是可恨,该杀。但问题似乎应当放宽大一些看。请看,孟子是这样回答的:"凶年饥岁,君之民老弱转乎沟壑,壮者散而之四方者,几千人矣;而君之仓廪实,府库充,有司莫以告,是上慢而残下也。曾子曰:'戒之戒之! 出乎尔者,反乎尔者也。'夫民今而后得反之也。君无尤焉。君行仁政,斯民亲其上、死其长矣。"(《孟子·梁惠王章句下·第十二节》)

孟子这段话,译成现代汉语是:"灾荒年景,您的百姓,年老体弱的弃尸于溪谷,年轻力壮的四处逃荒,差不多有上千人吧;而国君您的粮仓堆满粮食,府库里装满财宝,官吏们却从来不向您报告百姓的情况,这是上漠视并残害老百姓的表现。孔子的弟子曾子说:'小心啊,小心啊! 你怎样对待别人,别人也会怎样对待你。'现在就是老百姓对官吏们当时行为的回报而已。您不要归罪于百姓吧! 您只要施行仁政,百姓自然就会亲近他们的上司、肯为他们的长官牺牲了。"

民本思想的核心思想是,得民心者得天下。孟子说:"人有恒言,皆曰'天下国家'。天下之本在国，国之本在家，家之本在身。"这话的意思是："人们有句常说的话，都说'天下国家'。天下的根本在于国，国的根本在于家，家的根本在于个人。"(《孟子·离娄章句上·第五节》)

孟子还说："桀纣之失天下也，失其民也；失其民者，失其心也。得天下有道：得其民，斯得天下矣；得其民有道：得其心，斯得民矣；得其心有道：所欲与之聚之，所恶勿施尔也。

"民之归仁也，犹水之就下、兽之走圹也。故为渊驱鱼者，獭也；为丛驱爵者，鹯也；为汤武驱民者，桀与纣也。今天下之君有好仁者，则诸侯皆为之驱矣。虽欲无王，不可得已。

"今之欲王者，犹七年之病求三年之艾也。苟为不畜，终身不得。苟不志于仁，终身忧辱，以陷于死亡。诗云'其何能淑，载胥及溺'，此之谓也。"

这三段话翻译成现代汉语是：夏桀、商纣之所以失去天下，是因为失去了百姓；他们之所以失去百姓，是因为失去了民心。得天下之道是：得百姓者，就会得到天下；得到百姓之道是：得民心，就会得到人民的拥护。得民心之道是：人民想要的东西就要给他们并使这些东西有积聚，人民所厌恶的就不要强加给他们。

民之归向于仁德，就像水向低处流，野兽喜欢跑在旷野一样。在深渊把鱼驱赶出来的，是水獭；在森林把鸟雀驱赶出来的，是鹯一样的猛禽；为汤王和武王把百姓驱赶来的，是夏桀和商纣王。现今天下若有好仁德的国君，那么凶暴的诸侯们就会为他驱赶来百姓。即使他不想称王天下，都是不可能的。

而当前一些希望统一天下的人，就好像生了七年的病企图用三年的陈艾来医治一样。假如不积蓄民心，那么一辈子也得不到民心。如果不立志于仁德，就会一辈子忧患受辱，以至陷入死亡的境地。《诗经》说："如何能好？ 一同入水洗澡。"说的正是这个道理。

关于民本思想内容，孟子的第一个理念是，君要有与民同乐的观念。孟子来见梁惠王，梁惠王就是魏惠王魏罃(前400—前319)，公元前370年继其父亲魏武侯即位，即位后九年由旧都安邑（今山西夏县北）迁都大梁（今河南开封西北），所以又叫梁惠王。

公元前320年，周慎靓（jìng）王元年，孟子已七十岁，他到了魏国的大梁（今开封）。一本《孟子》就是以《梁惠王章句》开篇的。孟子在魏国推行其仁政，住了一年多的时间。这天，梁惠王站在池塘边上，欣赏着鸿雁麋鹿等飞禽走兽，见孟子走来，便问："贤者也以此为乐吗（贤者亦乐此乎）？"孟子说："只有贤人才能够以此为乐的，不贤的人就算有这些东西，也不能够快乐（贤者而后乐此，不贤者虽有此，不乐也）。"为什么会这样呢？孟子解释说："诗云：'经始灵台，经之营之，庶民攻之，不日成之。经始勿亟，庶民子来。王在灵囿，麀鹿攸伏，麀鹿濯濯，白鸟鹤鹤。王在灵沼，于牣鱼跃。'文王以民力为台为沼。而民欢乐之，谓其台曰灵台，谓其沼曰灵沼，乐其有麋鹿鱼鳖。古之人与民偕乐，故能乐也。汤誓曰：'时日害丧？予及女偕亡。'民欲与之偕亡，虽有台池鸟兽，岂能独乐哉？"（《孟子·梁惠王章句上·第二节》）

原来，孟子在此为梁惠王讲了周文王与民同乐的故事。他的话翻译成现代汉语是："《诗经》说：'灵台始建，仔细规划。百姓参与，几天建成。本不着急，百姓起劲。王游灵园，母鹿伏地。母鹿肥润，白鸟洁净。王游灵沼，鱼儿欢跃。'周文王虽然用了老百姓的劳力来修建高台深池，可是老百姓很高兴来做此事，把那个台叫作'灵台'，把那个池叫作'灵沼'，以里面有麋鹿鱼鳖等珍禽异兽为快乐。古代的君王与民同乐，所以能真正快乐。相反，《汤誓》说：'太阳啊你什么时候毁灭呢？我宁肯与你一起毁灭！'老百姓恨不得与他（夏桀）同归于尽，即使有高台深池、珍禽异兽，夏桀能独自享受快乐吗？"在此，孟子提出了民本思想的基础——君王要与民同乐的观念。

还有一天，孟子见齐宣王，说：听说你前几天与庄暴（齐宣王的近臣）谈论了音乐。齐宣王不好意思地说，谈不上啊，你们讲的音乐是先王之乐，我好的不是先王之乐，我只好世俗之乐呀（寡人非能好先王之乐也，直好世俗之乐耳）。孟子乘机启发他说："大王如果非常喜好音乐，那齐国恐怕就治理得很不错了！现在的俗乐与古代雅乐是一脉相承的（王之好乐甚，则齐其庶几乎！今之乐犹古之乐也）。"

孟子这样说，齐宣王当然高兴，马上请他再说下去（可得闻与）。孟子进一步启发说："独乐乐，与人乐乐，孰乐（一个人娱乐和与他人同乐，哪一个更快乐）？"齐宣王说与他人一起娱乐更快乐（不若与人）。孟子再进一步启发："与少乐乐，与众乐乐，孰乐（与少数人娱乐和与大众同乐，哪个更快乐）？"齐宣王回答："当然是与大众同乐更快乐（不若与众）。"由此，孟子开始推出了他的"与民同乐"的道理来："臣请为王言乐：今王鼓乐于此，百姓闻王钟鼓之声，管籥之音，举疾首蹙頞而相告曰：'吾王之好鼓乐，夫何使我至于此极也？父子不相见，兄弟妻子离散。'今王田猎于此，百姓闻王车马之音，见羽旄之美，举疾首蹙頞而相告曰：'吾王之好田猎，夫何使我至于此极也？父子不相见，兄弟妻子离散。'此无他，不与民同乐也。

"今王鼓乐于此，百姓闻王钟鼓之声，管籥之音，举欣欣然有喜色而相告曰：'吾王庶几无疾病与？何以能鼓乐也？'今王田猎于此，百姓闻王车马之音，见羽旄之美，举欣欣然有喜色而相告曰：'吾王庶几无疾病与？何以能田猎也？'此无他，与民同乐也。今王与百姓同乐，则王矣。"（《孟子·梁惠王章句下·第一节》）

翻译成现代汉语就是："那就让我来为大王讲讲音乐与娱乐吧：假如今天大王在此鼓乐，百姓听到大王敲钟击鼓、吹管吹籥的音声，都头疼皱眉相互说：'我们大王喜好音乐，为何还使我们穷困至极呢？父亲和儿子不能相见，兄弟和妻儿离散。'假如大王在围猎，百姓听到大王车马的喧嚣，见到旗帜的华丽，都头疼皱眉相互说：'我们大王喜好围猎，为何还使我们穷困至极呢？父亲和儿子不能相见，兄弟和妻儿分离流散。'这里没有别的原因，是不与民同乐的缘故。"

"假如大王在奏乐，百姓听到大王敲钟击鼓、吹管吹籥的音声，都高兴得面有喜色地相互说：'我们大王一定没有疾病吧，要不怎么能奏乐呢？'假如大王在围猎，百姓们听到大王车马的喧嚣，见到旗帜的华丽，都高兴得面有喜色地相互说：'我们大王大概没有疾病吧，要不怎么能围猎呢？'这里也没有别的原因，是能与民同乐的缘故。今天大王能和百姓们同乐，那就可以以王道统一天下。"

还有一次，孟子在再用园林的大小作一比喻，讲了与民同乐的重要性。一天，齐宣王问："周文王的园林有七十里，有这事吗（文王之囿方七十里，有诸）？"孟子说："书上是这么记载的（于传有之）。"齐宣王惊叹："竟有这么大呀（若是其大乎）？"孟子说："庶民百姓还认为小了呢（民犹以为小也）。"齐宣王不解："我的园林才方圆四十里，百姓就认为很大了，为什么呢（寡人之囿方四十里，民犹以为大，何也）？"孟子直抒其襟："文王之囿方七十里，刍荛者往焉，雉兔者往焉，与民同之。民以为小，不亦宜乎？臣始至于境，问国之大禁，然后敢入。臣闻郊关之内有囿方四十里，杀其麋鹿者如杀人之罪。则是方四十里，为阱于国中。民以为大，不亦宜乎？"（《孟子·梁惠王章句下·第二节》）

这段话翻译成现代汉语是："周文王的园林七十里见方，割草砍柴的可以去，捕鸟猎兽的可以去，与百姓共享，百姓便认为太小，这不是很自然的吗？我初到齐国边境时，问明了齐国重要的禁令，这才敢入境。我听说齐国郊区与城关之间有个园林四十里见方，杀了其中的麋鹿，就如同犯了杀人罪。则这个四十里方圆，就如国中设下的一个大陷阱。百姓认为太大了，不也是很自然的吗？"

那么，与民同乐的目的是什么呢？孟子说："乐民之乐者，民亦乐其乐；忧民之忧者，民亦忧其忧。乐以天下，忧以天下，然而不王者，未之有也（以百姓的快乐为乐的国君，百姓也会以国君的乐为乐；以百姓的忧愁为忧愁的国君，百姓也以国君的忧愁为忧愁。以天下人的快乐为乐，以天下人的忧愁为忧愁，这样的国君不王天下是没有的）。"（见《孟子·梁惠王章句下·第四节》）孟子还说："以安逸舒适之道使用人民，人民虽劳累而不埋怨。以能生存之道来杀死人民，人民虽死不会埋怨杀他的人（以佚道使民，虽劳不怨；以生道杀民，虽死不怨杀者）。"（《孟子·尽心章句上·第十二节》）

　　民本思想的第二个理念，当有国王与民同富的观念。孟子是一个讲话很艺术的人，喜欢以比喻开头。有一天，梁惠王说愿意听孟子讲讲民本思想时，孟子开头就提了两个问题："用木棒打死人和用刀子杀死人有什么不同吗（杀人以梃与刃，有以异乎）？""用刀子杀死人和用政治害死人有什么不同吗（以刃与政，有以异乎）？"梁惠王回答说："没有不同（无以异也）。"这时，孟子顺水推出自己的观点："庖有肥肉，厩有肥马，民有饥色，野有饿莩，此率兽而食人也。兽相食，且人恶之。为民父母，行政不免于率兽而食人。恶在其为民父母也？仲尼曰：'始作俑者，其无后乎！'为其象人而用之也。如之何其使斯民饥而死也？"（《孟子·梁惠王章句上·第四节》）

　　这段话翻译成现代汉语是："厨房里有肥嫩的肉，马厩里有肥壮的马，可是百姓面带饥色，野外躺着饿死的人。这是上位的人在率领野兽吃人啊！野兽自相残杀，人尚且厌恶它；作为百姓的父母官，行政却像率领野兽在吃人，那又怎么能够称百姓父母呢？孔子说：'最初采用土偶木偶陪葬的人，该是会断子绝孙吧！'就是因为土偶木偶仍太像真人，埋俑就如埋真人了。那使活活的老百姓饿死者不是更应当无后吗？"不能国库肥而百姓饥，如若这样，就是食人恶政，孟子的观点是清晰明确的。

　　民本思想的第三个理念，以能否得民心为标准。有一天，孟子的学生公孙丑说："商代的名相伊尹说：'我不去做叛逆的事。我流放商汤嫡长孙太甲到商汤墓地附近的桐宫（今河南省偃师市西南），百姓是很高兴的；（三年他改正缺点）我迎他回来再登王位，百姓也很高兴。贤者去为官时，他的君王不贤，就可以把君王流放吗（予不狎于不顺。放太甲于桐，民大悦。太甲贤。又反之，民大悦。贤者之为人臣也，其君不贤，则固可放与）？"公孙丑讲的是一段历史典故。当时伊尹已是四朝元老了。太甲登基后，前两年还算明君，第三年时，他开始追求享乐，暴虐百姓，弄得朝政混乱。这样伊尹就流放了他，自己当摄政王，史称"伊尹放太甲"。在桐宫三年，太甲认识到了自己的错误并悔过，伊尹又将他迎回亳都,还政于他。重新当政的太甲能重德爱民,在位 23 年,天下安宁。公孙丑讲的就是这件事。孟子回答说:"有伊尹之志,则可;无伊尹之志,则篡也。"(《孟子·尽心章句上·第三十一节》)

这段话翻译成现代汉语是:"真有伊尹志向的人可以这么做;无伊尹之志的人去做,就是叛逆篡位。"

第二章　孟子的道——仁义

　　孟子把民本思想凝聚为哲学，就是道。孟子说：
"仁也者，人也。合而言之，道也。"（《孟子·尽心章句
下·第十六节》）这段话翻译成现代汉语是："所谓仁，
意思就是站立的人。人和仁结合起来，就有了道。"孟
子还说："身不行道，不行于妻子；使人不以道，不能
行于妻子。"（《孟子·尽心章句下·第九节》）这段话翻
译成现代汉语是："自身不遵循道，道在他妻子儿女
身上也行不通；使唤人不遵循道，连使唤妻子儿女都
办不到。"

　　如果说孔子的道的核心是忠恕而已，那孟子的
道的核心就是仁义。

　　一、关于仁义的定义。那什么是仁义？说来也挺
惭愧，还没有一个好的定义，因为中国古人不太讲求
精准的定义，喜欢用形象思维来讲话，所以到现在为
止，仁和义的定义仍不确切。孟子说："仁，人心也；

义，人路也。舍其路而弗由，放其心而不知求，哀哉！人有鸡犬放，则知求之；有放心，而不知求。学问之道无他，求其放心而已矣。"（《孟子·告子章句上·第十一节》）

这段话翻译成现代汉语是："仁，是人的本心（注：孟子是持人性善的观点的，这句话可以理解为仁就是人的善良本性）；义，是人生行走的路径。舍弃路径而不走，放弃人生的本心而不知道去追求，太悲哀了！人把鸡犬放出去了，尚且知道寻求回来；可是把本心放出去了，却不知道追求回来。学和问的道路没有别的，只是寻求放出去的本心而已。"看看，仁就是人本身就具有的善良之心。义就是由本心所规定好的道德之路。这个概念并不精确，我们只能通读了《孟子》全书后，把所有的观点综合理解了，才能理解出孟子讲的仁与义来。而学习，就是求本心，就是求仁义的一种方法。在这里，孟子的"仁"就像佛学的佛性，佛家说，佛性就是人的本性，就在人的天性中，是被后天的尘世所蒙蔽了的。用孟子的话就是心放出去了。学习，就是去追回放出去的心，追回了放出去的心，就是回归了人的善良的本性，在佛教就是觉悟，在儒学，就可以成圣贤。而义，就是追回本性所必经的路径（如礼仪、伦理、修身养气、学习方法等），类同于佛学修持的办法。

关于仁和义，孟子还有通俗而极端的表述："人皆有所不忍，达之于其所忍，仁也；人皆有所不为，达之于其所为，义也。人能充无欲害人之心，而仁不可胜用也；人能充无穿逾之心，而义不可胜用也。人能充无受尔汝之实，无所往而不为义也。士未可以言而言，是以言餂之也；可以言而不言，是以不言餂之也，是皆穿逾之类也。"（《孟子·尽心章句下·第三十一节》）

这段话翻译成现代汉语是："人都有所不忍受的事，如果在不能忍受时还能忍住，就是仁了。人都有所不愿意做的事，如果又明事理地去做，那就是义了。人心里能没有害人之心，仁就用之不尽了。人心里能没有奸利之心，义就用之不尽了。人们心里如果充满不受你好处的念头，那所做的事没有一件不是为了义了。士如果不可以与他交谈而交谈的，是以交谈诱取他；可以交谈而不交谈的，是以不交谈来诱取他，这些都属于奸利的行为。"在这里，仁直接表述为没有害人之心，是仁爱之心；义也不是求仁的路径，而直接表述为没有贪心。

在齐王的儿子垫问到"士是做什么的"时，孟子对仁与义也有一个表述。王子垫问曰："士何事（士是做什么的）？"孟子说："尚志（崇尚志向的）。"再问："何谓尚志（什么叫崇尚志向）？"孟子说："仁义而已矣。杀一无罪，非仁也；非其有而取之，非义也。居恶在？仁是也；路恶在？义是也。居仁由义，大人之事备矣。"（《孟子·尽心章句上·第三十三节》）

这段话翻译成现代汉语是："（士）崇尚的就是仁与义而已。杀一个无罪的人，就不是仁，不是自己的东西而拿来，就不是义。人应该处如何自处？应处于仁；应该走什么路？应该走义的道路。处于仁行于义，做大人的条件也就具备了。"在这里，仁仍是爱心，义与不贪相似，是不拿不属自己的东西。

孟子还有一次一口气讲了仁义及与之相关的智、礼、乐，讲得十分通俗、明了："仁之实，事亲是也。义之实，从兄是也。智之实，知斯二者弗去是也。礼之实，节文斯二者是也。乐之实，乐斯二者，乐则生矣。生则恶可已也，恶可已，则不知足之蹈之、手之舞之。"（《孟子·离娄章句上·第二十七节》）

这段话译成现代汉语是："仁的实质，就是侍奉亲人。义的实质，是顺从兄长。智慧的实质，是懂得这两点而不违背它。礼的实质，是节制文化服从这两点。乐的实质，是喜欢这两点，乐章就会产生。乐章诞生丑恶就消止了。丑恶消止了，没有知识的人会手舞足蹈了。"在这里，仁义又成了伦理上的孝悌。智，就是懂仁义；礼，就是行仁义的制度；乐就是行仁义的乐曲。

二、关于仁义的作用。仁义（尤其是仁）的作用是一统天下。

一个君王，如何统一天下？孟子的说法是，统一天下之道在于，用仁政来造就一个势，顺势而为就能迅速统一天下。孟子说："舜生于诸冯，迁于负夏，卒于鸣条，东夷之人也。文王生于岐周，卒于毕郢，西夷之人也。地之相去也,千有余里;世之相后也,千有余岁。得志行乎中国,若合符节。先圣后圣,其揆一也。"(《孟子·离娄章句下·第一节》)

这段话翻译成现代汉语是:"舜出生在诸冯(相传在今山东菏泽以南),迁居到负夏(在今山东滋阳以西),去世在鸣条(今山西运城安邑镇),是东方边远地区的人。周文王出生在岐周(今陕西岐山县东北),去世在毕郢(今陕西咸阳东二十一里),是西方边远地区的人。这两个地方,相距有一千多里地;时代的距离,相隔一千多年。而在中国实现他们的志向,两人就像信物一样吻合。先圣和后圣,他们行事的道是一致的。"

孟子还说:"天下有道,小德役大德,小贤役大贤;天下无道,小役大,弱役强。斯二者天也。顺天者存,逆天者亡。"(《孟子·离娄章句上·第七节》)

这段话翻译成现代汉语是:"天下有道,有小德行的人服从大德之人,有小贤的人服从大贤的人;天下无道,小国服从大国,弱国服从强国。这两种情况都是天下的规律。顺从天下规律的生存,违背天下规律的灭亡。"

公孙丑是齐国人,也是孟子的学生。一天,他将孟子与管仲、晏子相比,惹得孟子有些不高兴,认为把自己比低了。管仲,姬姓,管氏,名夷吾,字仲,谥敬,是齐桓公时宰相,让齐桓公成了霸主,后人称之为"法家先驱""圣人之师""华夏文明的保护者""华夏第一相"。晏子,字仲,谥平,任齐卿,历任灵公、庄公、景公三世,也为齐国昌盛立下汗马功劳。这样两位伟大人物,孟子却不屑于与他们相提并论,为什么?公孙丑也不明白,就再说:"管仲辅佐桓公称霸天下,晏子辅佐景公名扬诸侯。难道管仲、晏子还不值得相比吗(管仲以其君霸,晏子以其君显。管仲、晏子犹不足为与)?"孟子说:"(我宰齐国)以齐国的实力与王道统一天下,易如反掌。"公孙丑更不解了:"您这样说,弟子就更加疑惑不解了。以周文王那样的仁德,活到百岁(注:周文王相传活到97岁),还没有能够统一天下。直到周武王、周公继承他的事业,然后才统一天下。现在您说用王道统一天下易如反掌，那么，连周文王都不值得效法了吗（若是，则弟子之惑滋甚。且以文王之德，百年而后崩，犹未洽于天下；武王、周公继之，然后大行。今言王若易然，则文王不足法与）？"这话头，又由此转移到如何统一天下上来，扯到周文王身上来了，也没有再讲孟子与管、晏相比的事了。

这时，孟子认真地讲出了他统一天下的办法："文王何可当也？由汤至于武丁，贤圣之君六七作。天下归殷久矣，久则难变也。武丁朝诸侯有天下，犹运之掌也。纣之去武丁未久也，其故家遗俗，流风善政，犹有存者；又有微子、微仲、王子比干、箕子、胶鬲皆贤人也，相与辅相之，故久而后失之也。尺地莫非其有也，一民莫非其臣也，然而文王犹方百里起，是以难也。齐人有言曰：'虽有智慧，不如乘势；虽有镃基，不如待时。'今时则易然也。夏后、殷、周之盛，地未有过千里者也，而齐有其地矣；鸡鸣狗吠相闻，而达乎四境，而齐有其民矣。地不改辟矣，民不改聚矣，行仁政而王，莫之能御也。且王者之不作，未有疏于此时者也；民之憔悴于虐政，未有甚于此时者也。饥者易为食，渴者易为饮。孔子曰：'德之流行，速于置邮而传命。'当今之时，万乘之国行仁政，民之悦之，犹解倒悬也。故事半古之人，功必倍之，惟此时为然。"（《孟子·公孙丑章句上·第一节》）

这段译成现代汉语就是："我们怎么可以比得上周文王呢？殷商朝由商汤到武丁，贤明的君主有六七个，天下人归服殷商朝已经很久了，久就难以变动。武丁朝时，诸侯们虽各有天下，但都将他们掌握于手中呢。纣王离武丁并不久远，武丁的勋臣世家、良好习俗、传统风尚、仁政善治都还有遗存，又有微子、微仲、王子比干、箕子、胶鬲等贤臣辅佐，所以能统治很久以后才失去政权。当时没有一尺土地不属于纣王所有，没有一个百姓不属于纣王统治，在那种情况下，文王还能从方圆百里的小地方兴起，所以是非常困难的。齐国人有句话说：'虽有智慧，不如趁势；虽有锄头，须待农时。'现在就是易于统一天下的时候：夏之后商、周兴盛，没有哪一国的国土有超过方圆千里的，而现在齐国却超过了;鸡鸣狗叫处处都听得见,一直到达四方边境,这说明齐国人口众多。国土不需要新开辟,百姓不需要新汇聚,施行仁政就能统一天下,没有谁能够阻挡。然而为君王的不作为,从来没有比现更怠政的;百姓受暴政的压榨,从来没有比现在更厉害的。(现在)饥者不择食物,渴者不择水。孔子说:'德政的流行,比驿站传递政令还要迅速。'当下,拥有一万辆兵车的大国施行仁政,百姓就高兴,就像被吊着的人得到解救一样。所以,做古人一半的事,就可以成就古人双倍的功绩,就在这个时候了。"在这里,孟子让仁政迅速传播,解百姓于倒悬,形成人心所向的势,进而统一全国的策略,一目了然。

还有一天,孟子引用孔子的话说:"孔子曰:'仁不可为众也。夫国君好仁,天下无敌。'今也欲无敌于天下而不以仁,是犹执热而不以濯也。诗云:'谁能执热,逝不以濯?'"(《孟子·离娄章句上·第七节》)

这段话翻译成现代汉语是:"孔子说:'仁德不是可以人人都具有的。如果君王你喜好仁德,那就天下无敌。'如今想要无敌于天下但又不以仁德为本,就好比是忍受酷热而不沐浴以求凉快。《诗经》说得好:'谁能手执烫物,却不用凉水冲洗?'"

三、孟子道的衍生。孟子的道除了"仁义"就没有其他内容了吗?不,还有一个与"仁义"相关的重要内容:诚。这个"诚"是含有忠诚和诚信两层意思的。如果说"仁"主要偏重对君王的要求,那"诚",则是下位者想要成功的基本要件了。孟子说:"居下位而不获于上,民不可得而治也。获于上有道;不信于友,弗获于上矣;信于友有道:事亲弗悦,弗信于友矣;悦亲有道:反身不诚,不悦于亲矣;诚身有道:不明乎善,不诚其身矣。是故诚者,天之道也;思诚者,人之道也。至诚而不动者,未之有也;不诚,未有能动者也。"(《孟子·离娄章句上·第十二节》)

这句论述"诚"的话是顺序倒置着讲的,意思是:"职位低下而得不到上司的重用,百姓就不会听从他而得到治理。要获得上司的重用有条路径:如果不能得到朋友的信任,也就不能获得上司的信任与重用。取信于朋友也有一条路径:如果侍奉父母而不能博得父母的欢心,也就不能得到朋友的信任。博得父母的欢心也有一条路径，如果反躬自问自己不是诚心诚意，也就不能博得父母的欢心。要想诚心诚意也有一条路径：如果不明白什么是善，也就不能做到诚心诚意。因此，所谓的诚心诚意，是天之道；追求'诚'，是人之道。有了诚心而感动不了别人，是没有的。不诚，要感动别人也是不可能的。"

四、道的坚守——舍生取义。最后，孟子还要求以生命为代价来遵守道。他说过一段著名的鱼和熊掌不能兼得的话："鱼，我所欲也；熊掌，亦我所欲也，二者不可得兼，舍鱼而取熊掌者也。生，亦我所欲也；义，亦我所欲也，二者不可得兼，舍生而取义者也。生亦我所欲，所欲有甚于生者，故不为苟得也；死亦我所恶，所恶有甚于死者，故患有所不辟也。如使人之所欲莫甚于生，则凡可以得生者，何不用也？使人之所恶莫甚于死者，则凡可以辟患者，何不为也？由是则生而有不用也，由是则可以辟患而有不为也。是故所欲有甚于生者，所恶有甚于死者，非独贤者有是心也，人皆有之，贤者能勿丧耳。

"一箪食，一豆羹，得之则生，弗得则死。呼尔而与之，行道之人弗受；蹴尔而与之，乞人不屑也。万钟则不辨礼义而受之，万钟于我何加焉？为宫室之美、妻妾之奉、所识穷乏者得我与？乡为身死而不受，今为宫室之美为之；乡为身死而不受，今为妻妾之奉为之；乡为身死而不受，今为所识穷乏者得我而为之，是亦不可以已乎？此之谓失其本心。"（《孟子·告子章句上·第十节》）

他的段话翻译成现代汉语是："鱼，是我想要的；熊掌，也是我想要的；但当这两样东西不可能同时得到时，那就舍弃鱼而要熊掌。生，是我想要的；仁义，也是我想要的；但当这两样东西不可能同时得到时，那就舍弃生命而选取仁义。生命是我想要的，但我想要的东西超过了生命，我这样做就不是轻率了。死亡亦是我所厌恶的，但所厌恶的东西超过了死亡，所以就怕避不开它。如果使人们所想要的东西都不超过生命，那么所有求生的手段，有什么不可用呢？如果使人们所厌恶的都不超过死亡，那么凡是可以避开灾患的手段，有什么不可用呢？如此有能利生存的手段却不去用，如此有得以避开灾患的事情却不去做，所以说是有一种所想要的东西超过了生命，所厌恶的东西超过了死亡。不仅贤能的人独独有这样的心思，人人都有，只不过贤能的人没有丧失这种本性。

"一小筐饭，一小碗羹汤，得到它就可以生存，得不到就会死亡。大声叫喊着要给予，路上的行人都不会接受。踩一下再给人，乞丐都不屑一顾；万钟的厚禄如果不辨别礼法仁义而接受，这万钟的厚禄对我有什么好处呢？为了宫室的壮美，为了妻妾的侍奉，为了智识贫瘠的人追捧吗？（不合于仁义礼仪的东西）我一向宁愿身死都不接受，如今因为宫室壮美就接受？我一向宁愿身死都不接受，如今因为有妻妾的侍奉就接受？我一向宁愿身死都不接受，如今因为智识贫瘠人的追捧就接受？是不是就可以这样做？这叫迷失了本心。"

第三章　仁政为矩

民本思想有了，仁义也成为要用生命遵守的道了，这思想，这道，还要靠仁政来实现。孟子说："君仁莫不仁，君义莫不义（君讲仁天下没有人会不讲仁，君讲义天下没有人会不讲义）。"（《孟子·离娄章句下·第五节》）

孟子仁政的标志性口号是：仁者无敌。他说："夫仁，天之尊爵也，人之安宅也（仁，是天上尊贵的爵位，人间最安逸的住宅）。"（《孟子·公孙丑章句上·第七节》）

那不仁会如何？孟子说："不仁而得国者，有之矣；不仁而得天下，未之有也（不仁爱而能够得到邦国的人，是有的；不仁爱而能够得到天下的人，是没有的）。"（《孟子·尽心章句下·第十三节》）

一、仁政为矩。孟子关于仁政是矩或说是为政的准绳说过很长一段话。他开头说："离娄之明，公输子之巧,不以规矩,不能成方员;师旷之聪,不以六律,不能正五音;尧舜之道,不以仁政,不能平治天下。"离娄相传是黄帝时人,百步之外仍能见秋毫。公输子,即鲁班,春秋末年著名木匠。而师旷,则是春秋时期晋国的著名乐师。

这段话翻译成现代汉语是:"即使有离娄那样的视力,有公输班那样的手艺,如果不使用圆规和尺子,也画不出方形和圆形。即使有师旷那样的音乐修养,如果不制订六律,也不能校正五音。尧舜的道,如果不含仁政,也不能把天下治理好。"开宗明义,仁政成了政治的尺度或说准绳。

孟子再说:"今有仁心仁闻而民不被其泽,不可法于后世者,不行先王之道也。故曰,徒善不足以为政,徒法不能以自行。诗云:'不愆不忘,率由旧章。'遵先王之法而过者,未之有也。"

这段翻译成现代汉语是:"现在有些国君虽有善心、善誉但百姓却未能受到恩惠,未能被后世效法,就是因为没有(完全)实行先王之(仁)道的缘故。所以说,仅有善心不足以治理国家,仅有法律不能自然得到落实。《诗经》上说:'无过无遗忘,皆因按旧规章。'能遵守先王的法还会犯错误,这是没有的事。"

在《离娄章句上·第二节》孟子又说"仁",称仁政就是效法先王:"规矩,方员之至也;圣人,人伦之至也。欲为君尽君道,欲为臣尽臣道,二者皆法尧舜而已矣。不以舜之所以事尧事君,不敬其君者也;不以尧之所以治民治民,贼其民者也。孔子曰:'道二:仁与不仁而已矣。'暴其民甚,则身弑国亡;不甚,则身危国削。名之曰'幽厉',虽孝子慈孙,百世不能改也。诗云'殷鉴不远,在夏后之世',此之谓也。"

这话译成现代汉语是:"圆规与尺子,是方与圆的准则;圣人,是人与人关系的准则。想要做君主的行君道,做臣子的行臣道,不过就是效法尧、舜罢了。不以舜侍奉尧的行为来侍奉君主,就是不敬奉自己的君主;不以尧治理民众的做法来治理民众,就是残害自己的百姓。孔子说:'道只有两条,仁与不仁而已。'残暴百姓过分,(其君)身死国亡;不太过分,(其君)则身陷危险国力削弱。这得到的谥号就是'幽厉'(意思'昏暗不明'和'暴虐嗜杀'),即使他有孝子慈孙,百世也翻不了身。《诗经》上说:'殷商可以借鉴的教训并不遥远,就在夏朝之后。'说的正是这个意思。"

在《离娄章句上·第三节》,孟子再谆谆教导说:"三代之得天下也以仁,其失天下也以不仁。国之所以废兴存亡者亦然。天子不仁,不保四海;诸侯不仁,不保社稷;卿大夫不仁,不保宗庙;士庶人不仁,不保四体。恶死亡而乐不仁,是犹恶醉而强酒。"

这段话翻译成现代汉语是:"夏、商、周三代能够得到天下是因为行仁政,其最后失去天下是因为不仁。诸侯国的废败、兴盛、生存、灭亡的原因也是如此。天子不行仁政,就不能保住天下;诸侯不行仁政,就不能保住邦国;公卿大夫不行仁政,就不能保住宗庙;读书人和百姓无仁爱之心,就不能保全自身。现在有些人憎恶死亡但乐于干不仁义的事,这就像厌恶醉酒却强要去喝酒一样。"

二、仁为规矩的重要性。孟子还重申过规矩的重要性:"上无道揆也,下无法守也;朝不信道,工不信度;君子犯义,小人犯刑。国之所存者幸也。故曰:城郭不完,兵甲不多,非国之灾也;田野不辟,货财不聚,非国之害也。上无礼,下无学,贼民兴,丧无日矣。"(《孟子·离娄章句上·第一节》)

这段话翻译成现代汉语是:"上位者心中没有道可以用来作准绳,下面的人就没有法则可以遵守;朝廷不相信道,百工就不信任计量标准;君子的行为与义相悖,小人的行为就会触犯法律。这样的国家能生存下来,可以说是幸运的了。所以说,城郭不完备,武器盔甲不多,并不是国家的灾害;土地没有开垦,财物没有积聚,也不是国家的祸害;上者没有礼来规范,下者不肯学习,坏人横行,国家的灭亡就指日可待了。"

孟子再引用《诗经》做结论说:"诗曰:'天之方蹶,无然泄泄。'泄泄,犹沓沓也。事君无义,进退无礼,言则非先王之道者,犹沓沓也。故曰:责

难于君谓之恭,陈善闭邪谓之敬,吾君不能谓之贼。"(《孟子·离娄章句上·第一节》)

这段话翻译成现代汉语是:"《诗经》上说:'天将动摇,不要轻慢。'所谓泄泄,就是拖沓疲沓的意思。侍奉国君没有义气,进退没有礼仪,言论不讲先王之道,就是拖沓疲沓。所以说,对君主的不仁提出责备就是恭,陈述善良抵制邪恶就是敬,我对君主不能做到这样就是贼。"

三、仁政就是行政时对百姓有不忍之心。何为仁政,孟子的话也十分通俗,即行政时对百姓有"不忍之心"。孟子说:"圣人既竭目力焉,继之以规矩准绳,以为方员平直,不可胜用也;既竭耳力焉,继之以六律,正五音,不可胜用也;既竭心思焉,继之以不忍人之政,而仁覆天下矣。故曰,为高必因丘陵,为下必因川泽。为政不因先王之道,可谓智乎?是以惟仁者宜在高位。不仁而在高位,是播其恶于众也。"(《孟子·离娄章句上·第一节》)

这段翻译成现代汉语是:"圣人既已竭尽了视力,就加以规矩为准绳,以作方圆平直的标准,这样应用起来就挥洒自如了。既已竭尽了听力,再加以六律以校正五音,也会挥洒自如了。既已竭尽了心力,再加以有不忍之心的政策,仁政就可覆盖天下。所以说,站得高必然是因为站在丘陵之上,站得低必然是因为站在河流之旁。治理国家如果不依照先王之道,能说得上有智慧吗?所以惟有仁者宜处高位。不爱民而处高位,就是在把他的恶行散播给大众。"

有一次,孟子大发感叹:"太不仁爱了啊梁惠王!仁爱的人把所喜爱的推及到自己所不喜爱的人身上,不仁爱的人把所不喜爱的推及到他所喜爱的人身上(不仁哉,梁惠王也!仁者以其所爱及其所不爱,不仁者以其所不爱及其所爱)。"梁惠王就是前文说过的魏惠王魏罃,魏武侯之子,魏文侯之孙。他即位时正是魏国鼎盛时期。但之后大败于齐国,开始衰落,他死于公元前 319 年。听孟子讲这样的话,学生公孙丑不解,问:"您这是什么意思呢(何谓也)?"孟子说:"梁惠王以土地之故,糜烂其民而战之,大败,将复之,恐不能胜,故驱其所爱子弟以殉

之,是之谓以其所不爱及其所爱也。"(《孟子·尽心章句下·第一节》)

这段话翻译成现代汉语是:"梁惠王为了扩张土地的缘故,不惜让自己的百姓粉身碎骨上战场,打了败仗,又准备再战;怕百姓打不了胜仗,因此驱使自己所喜爱的(贵族)子弟去献身,这就称之为把所不喜爱的推及到所喜爱的人身上。"

在《离娄章句上·第十四节》中,孟子态度强烈地对违背儒学的弟子予以谴责:"求也为季氏宰,无能改于其德,而赋粟倍他日。孔子曰:'求非我徒也,小子鸣鼓而攻之可也。'由此观之,君不行仁政而富之,皆弃于孔子者也。况于为之强战?争地以战,杀人盈野;争城以战,杀人盈城。此所谓率土地而食人肉,罪不容于死。故善战者服上刑,连诸侯者次之,辟草莱、任土地者次之。"

这段话翻译成现代汉语是:"冉求(孔子的学生)做了季氏(即季康子,鲁国卿,掌鲁国实权)的宰,没有能力改变季氏的德行,征收的粟米比过去倍增。孔子说:'冉求不是我的弟子了,学生们可击鼓而攻击他。'由此看来,国君不行仁政而富的人,都是孔子所厌弃的,更不要说替他去征战呢! 为争夺地盘而战,杀人遍野;为掠夺城池而战,杀人满城。这就是所谓的为了土地而吃人肉,好此者死有余辜。所以善于征服的人应服上刑,能够联结诸侯备战的人服次一等刑,不断开辟荒野,任意占地(破坏了井田制)的人又应服次一等刑。"

四、对仁的担忧。实践中,仁者无敌似乎不是永远无敌的,对此孟子是如何解释的呢? 孟子说:"仁之胜不仁也,犹水胜火。今之为仁者,犹以一杯水,救一车薪之火也;不熄,则谓之水不胜火,此又与于不仁之甚者也。亦终必亡而已矣。"(《孟子·告子章句上·第十八节》)

这段话翻译成现代汉语是:"仁胜于不仁,就像水胜于火。如今能做到仁的人,力量好比就只有一杯水那么多,但要去救的是一车着火的柴火;火扑不灭,他就说是水不能胜过火,这就又和那种不仁的人差不多了,以后他也一定会把自己的仁丧失掉的。"孟子对仁的丢失的担心不无道理,尤其对于当今的世界。如何保护好每一杯水的仁,是个很大的课题。

孟子再说:"五谷者,种之美者也;苟为不熟,不如荑稗。夫仁亦在乎熟之而已矣。"(《孟子·告子章句上·第十九节》)

这段话翻译成现代汉语是:"五谷,是粮食中的好品种;如果不成熟,还不如荑草和稗草。仁也在于让它成熟哟。"孟子的告诫与嘱托,叩人心扉呀!

第四章　仁政的内容

孟子心中有一个理想国："霸者之民，驩虞如也；王者之民，皞皞如也。杀之而不怨，利之而不庸，民日迁善而不知为之者。夫君子所过者化，所存者神，上下与天地同流，岂曰小补之哉？"（《孟子·尽心章句上·第十三节》）

这段话翻译成现代汉语就是："霸主的百姓，很欢娱；王者的百姓，悠然自得。犯罪处死而不怨恨，要利用他们而不用付酬劳，人民日益转向善而不知道是谁让他们这样的。君子到这个地方就感化了，所存者神仙一般生活，上上下下都与天地协调运转，（这样的国度）怎么能说只是对（人类发展）是很小的补益呢？"

要实现这样一个理想国，孟子的具体做法就是实行仁政。

那孟子仁政的内容是什么呢？孟子说："不信仁

贤,则国空虚。无礼义,则上下乱。无政事,则财用不足。"(《孟子·尽心章句下·第十二节》)

这段话翻译成现代汉语是:"不相信仁爱和贤能的人,国家就会空虚;没有礼仪作社会行为的规范,那么上下的秩序就会混乱;不搞好政事,财用就会不足。"可见孟子的仁政内容就是**用贤、立礼和管理**。具体做法有:

孟子的行仁政做法之一,是行德政。行德政就是取得民心,就是王道,国虽小而最终会王天下。与德政相对的是霸道,霸道就是以力取胜,国不大就推行不了。孟子说:"以力假仁者霸,霸必有大国,以德行仁者王,王不待大。汤以七十里,文王以百里。以力服人者,非心服也,力不赡也;以德服人者,中心悦而诚服也,如七十子之服孔子也。诗云:'自西自东,自南自北,无思不服。'此之谓也。"(《孟子·公孙丑章句上·第三节》)

这段话译成现代汉语是:"倚仗实力借助仁爱的人成就霸道,行霸道(要求)必是大国;依道德行仁爱的人成就王道,行王道不一定非要大国;商汤凭借七十里国土,周文王凭借百里国土就得天下。以力服人,人民心未服,实力就会不够了。以德服人,人民心中喜悦而诚心诚意归服,就如有七十多个弟子诚心诚意归服孔子这样。《诗经》上说:'从西到东,从南到北,没有人思不归服。'说的就是这个道理。"

孟子还说:"仁则荣,不仁则辱。今恶辱而居不仁,是犹恶湿而居下也(行仁政则荣耀,不行仁政则会受辱;如今既憎恶受辱却又不行仁政,就好像是憎恶潮湿又居住在地势低下的地方一样)。"(《孟子·公孙丑章句上·第四节》)

孟子的行仁政做法之二,是用贤人,明法令。孟子说:"如恶之,莫如贵德而尊士,贤者在位,能者在职。国家闲暇,及是时明其政刑。虽大国,必畏之矣。诗云:'迨天之未阴雨,彻彼桑土,绸缪牖户。今此下民,或敢侮予?'孔子曰:'为此诗者,其知道乎!能治其国家,谁敢侮之?'"

这段话译成现代汉语是:"如果憎恶受辱,不如尊重道德尊敬有识之人，使贤者在位，能者在职。在国家闲暇时，及时明了政令法典。虽然邻有大国，也必会畏惧。《诗经》上说：'趁天还没有阴雨时，国家要按田税规划好各家的田土，引导农户加固门窗。今天这样来引导民众，谁敢来欺侮我呢？'孔子说：'做此诗者，他是知道道的呀！能如此治国，谁敢来欺侮呢？'"

接着孟子还不忘批评一下现任国君："今国家闲暇，及是时般乐怠敖，是自求祸也。祸福无不自己求之者。诗云：'永言配命，自求多福。'《太甲》曰：'天作孽，犹可违；自作孽，不可活。'此之谓也。"（《孟子·公孙丑章句上·第四节》）

这段话的意思是："现在国家闲暇时，君王趁机享乐怠政，是自找灾祸。祸与福，没有一个不是自己找来的。《诗经》上说：'永远都要说顺应天命，自己寻求更多的幸福。'《尚书·太甲》上说：'天降灾祸，还可以躲避；自己做坏事，就逃脱不了灭亡。'说的就是这个意思。"

孟子的仁政做法之三，是政府不与民争利。孔子也有过这个思想，在《论语》骑墙中其弟子说，民富何患君不富，要实行周朝的彻税。而孟子则对齐宣王说："昔者文王之治岐也，耕者九一，仕者世禄，关市讥而不征，泽梁无禁，罪人不孥。老而无妻曰鳏。老而无夫曰寡。老而无子曰独。幼而无父曰孤。此四者，天下之穷民而无告者。文王发政施仁，必先斯四者。诗云：'哿矣富人，哀此茕独。'"王曰："善哉言乎！"（《孟子·梁惠王章句下·第五节》）

这段话翻译成现代汉语是："从前周文王治理岐山的时候，对农民是采用九分抽一的税率；对于做官的人给予世代承袭的俸禄；在关卡和市场上只稽查，不征税；湖泊山川都不设禁；对罪犯的处罚不牵连妻子儿女。老而无妻叫作鳏夫；老而无夫叫作寡妇；老而无子叫独老；幼失父亲的叫孤儿。这四种人是天下既穷苦又无依靠的人。文王发布政令实行仁政，一定最先考虑到他们。《诗经》说：'可赞啊富人，可哀呀孤独。'"

孟子的仁政做法之四，是顺应四时以息民。孟子说："禹之行水也，

行其所无事也。如智者亦行其所无事,则智亦大矣。"(《孟子·离娄章句下·第二十六节》)

这段话翻译成现代汉语是:"大禹治水,是顺着水性让它不出事。如果是有智谋的人,也顺其自然不多事,那这个智也就是大智。"孟子的这段话与老子的无为而治有异曲同工之妙。

孟子的仁政做法之五,是扶老养幼。为何要养老,孟子是从国家治理这个角度来认识的。他说:"伯夷辟纣,居北海之滨,闻文王作,兴曰:'盍归乎来! 吾闻西伯善养老者。'太公辟纣,居东海之滨,闻文王作,兴曰:'盍归乎来! 吾闻西伯善养老者。'二老者,天下之大老也,而归之,是天下之父归之也。天下之父归之,其子焉往? 诸侯有行文王之政者,七年之内,必为政于天下矣。"(《孟子·离娄章句上·第十三节》)

这句话翻译成现代汉语是:"伯夷(商纣王末期孤竹国第七任君主亚微的长子)躲避商纣王,住到北海边上,听说周文王(行仁政)很有作为,高兴地说:'为何不去归服他呢? 我听说西伯侯(即后来的周文王)善养老人。'姜太公躲避商纣王,住到了东海边上,听说周文王(行仁政)很有作为,高兴地说:'为何不去归服他呢? 我听说西伯侯善养老人。'这两个老人,是天下声望很高的老人,他们归服周文王,就等于是天下的父老都归顺周文王了。天下的父老都归服周文王,他们的子女还能往哪里去呢? 诸侯们中如有施行周文王的仁政的,在七年之内,就能行政于天下了。"看,爱老人,老人归;老人归,民心向。敬老的作用有多大!

对养老,孟子在《尽心章句上·第二十二节》有进一步的阐述:"伯夷辟纣,居北海之滨,闻文王作兴,曰:'盍归乎来! 吾闻西伯善养老者。'太公辟纣,居东海之滨,闻文王作兴,曰:'盍归乎来! 吾闻西伯善养老者。'天下有善养老,则仁人以为己归矣。五亩之宅,树墙下以桑,匹妇蚕之,则老者足以衣帛矣。五母鸡,二母彘,无失其时,老者足以无失肉矣。百亩之田,匹夫耕之,八口之家足以无饥矣。所谓西伯善养老者,制其田里,教之树畜,导其妻子,使养其老。五十非帛不暖,七十非肉不饱。不暖不饱，谓之冻馁。文王之民，无冻馁之老者，此之谓也。"

这段话翻译成现代汉语，与上一段引文有些重复，但有新的意思在里面："伯夷躲避商纣王，住到北海边上，听说周文王（行仁政）很有作为，高兴地说：'为何不去归服他呢？我听说西伯侯（即后来的周文王）善养老人。'姜太公躲避商纣王，住到了东海边上，听说周文王（行仁政）很有作为，高兴地说：'为何不去归服他呢？我听说西伯侯善养老人。'见到天下有善于赡养老人的人，仁爱的人就把他作为自己的归宿。有五亩地的人家，在墙边种植桑树，妇女养蚕，那么老人就可以穿上丝帛了。养五只母鸡，两只母猪，不耽误喂养时机，老人就可以吃上肉了。有百亩田地的人家，男子耕种，八口之家就足以吃饱饭了。所谓西伯侯善于赡养老人，就是他制定了井田制，教导人们种植桑树和畜养家禽，教诲百姓的妻子，让她们去赡养老人。（这样）五十岁的老人不穿丝帛就不算暖和，七十岁的老人不吃肉就不算饱。吃不饱，穿不暖，叫作受冻挨饿。文王的百姓没有受冻挨饿的老人，说文王善养老就是这个意思。"

孟子的仁政做法之六，是君王带头，形成德风。滕国，是春秋战国时期的诸侯国，当时国君是滕文公。他去世后，其太子请教孟子相关礼仪后，想为滕文公守孝三年，但遭到很强的反对。这时孟子说了一句名言："上有好者，下必有甚焉者矣。'君子之德，风也；小人之德，草也。草尚之风必偃。'"（《孟子·滕文公章句上·第二节》）

这段话翻译成现代汉语是："上位的人有什么喜好，下面的人一定就会喜好得更厉害。'君王的德行是风，老百姓的德行是草。草遇风则必倒伏。'"孟子这是在强调君王要带头执行礼仪，作推行德政的主导作用。

孟子的仁政做法之七，是让民有恒产。孟子对滕文公说："民之为道也，有恒产者有恒心，无恒产者无恒心。苟无恒心，放辟邪侈，无不为已。及陷乎罪，然后从而刑之，是罔民也。"（《孟子·滕文公章句上·第三节》）

这段话翻译成现代汉语是："人民的生活之道（规律）是，有固定产业的人就对生活有信心，没有固定产业的人就对生活没有信心。如果对生活没有信心，就会任性说谎，邪恶放纵，无所节制。等到犯罪，然后才对他们施以刑罚，这是设下网罗陷害民众。"

孟子的仁政做法之八，是建学校。他对滕文公说："设为庠序学校以教之：庠者，养也；校者，教也；序者，射也。夏曰校，殷曰序，周曰庠，学则三代共之，皆所以明人伦也。人伦明于上，小民亲于下。有王者起，必来取法，是为王者师也。诗云'周虽旧邦，其命维新'，文王之谓也。子力行之，亦以新子之国。"（《孟子·滕文公章句上·第三节》）

这段话翻译成现代汉语是："开办庠、序、学、校以教育人民。所谓庠，指培养；所谓校，指教导；所谓序，指追求。夏朝时叫校，殷商朝时叫序，周朝时叫庠；（名不同）'学'则是三朝的共同点，都是教育人民懂得伦理关系的。伦理关系为上层所明令颁行，百姓在社会下层则能亲和。如果王者要兴起，必然会来学取这个方法，这就可以做王者老师了。《诗经》上说：'周虽是旧国，但他的使命是革新。'这是对周文王的称赞。你努力实行这些，也可以使你的国家焕然一新！"

孟子的行仁政做法之九，是抓大政不在小恩。郑穆公之孙子产在郑国执政时，曾以自己的马车载百姓渡过溱河与洧河。听了这件事，孟子说："惠而不知为政。岁十一月徒杠成，十二月舆梁成，民未病涉也。君子平其政，行辟人可也。焉得人人而济之？故为政者，每人而悦之，日亦不足矣。"（《孟子·离娄章句下·第二节》）

这段话翻译成现代汉语是："子产这只是行小恩惠而不懂得理政。在十一月时，应搭好供步行的独木桥；在十二月，搭好可通行马车的大桥，人民就不会为涉水而忧虑了。君子平整好政务，出行是要避开人的。怎么能去把行人一个个渡过河呢？所以，政治家，要一个一个讨人欢心，那时间也不够用啊。"

孟子还说："以善服人者，未有能服人者也；以善养人，然后能服天下。天下不心服而王者，未之有也。"（《孟子·离娄章句下·第十六节》）。

这段话翻译成现代汉语是："用一个善行让人们来服从，没有人能做到。怀着善良之心来养育人民，这就能使天下人服从。天下人心不服而能统治天下，这是没有的事。"

孟子的行仁政的做法之十，是讲实话。孟子说："言无实，不祥。不祥之实，蔽贤者当之（说话不实，是不祥的事。不祥更可怕的是蔽塞贤人）。"（《孟子·离娄章句下·第十七节》）孟子还说："故声闻过情，君子耻之（所以名声超过实情，君子认为是可耻的事）。"（《孟子·离娄章句下·第十八节》）

孟子的行仁政做法之十一，是慎杀。孟子说："吾今而后知杀人亲之重也：杀人之父，人亦杀其父；杀人之兄，人亦杀其兄。然则非自杀之也，一闲耳。"（《孟子·尽心章句下·第七节》）

这段话翻译成现代汉语是："我现在懂得了杀死别人亲人的严重性了：你杀死别人的父亲，别人也会杀死你的父亲；你杀死别人的兄长，别人也会杀死你的兄长。那么即使不是你自己杀死自己的亲人，差别也就只有一点点啊。"

第五章　天命与民本的结合

作为一个古人,孟子无法不相信天命。所谓天命观,就是承认一切都是由天决定的,由天任命的。但孟子骨子里又是民本思想。民本思想的根本观点是,以民为天,与民相违者,必不长久。那孟子的民本思想如何与天命观相融合呢?

有一天,孟子的高足万章问孟子:"尧把天下交给舜,有这回事吗(尧以天下与舜,有诸)?"孟子回答:"不对,天子不能把天下给他人(天子不能以天下与人)。"万章当然不理解,因为史书上载尧把皇位禅让给了舜。于是万章问:"那么舜得到天下,是谁给他的呢(然则舜有天下也,孰与之)?"孟子仍肯定地回答:"天给的(天与之)。"

万章马上问:"(您说)天把天下交给他,(天显身出来)谆谆教导授命给他的吗(天与之者,谆谆然命之乎)?"孟子说:"不,天不说话,是用行为和事实来示意而已（否。天不言，以行与事示之而已矣）。"

万章更不解了，问："用行为和事实来示意，是怎么示意呢（以行与事示之者，如之何）？"孟子说："天子能荐人于天，不能使天与之天下；诸侯能荐人于天子，不能使天子与之诸侯；大夫能荐人于诸侯，不能使诸侯与之大夫。昔者尧荐舜于天而天受之，暴之于民而民受之，故曰：天不言，以行与事示之而已矣。"

这段话译成现代汉语就是："天子能向上天推荐人，却不能叫天把天下交给人；（就像）诸侯能向天子推荐人，却不能叫天子让他做诸侯；大夫能向诸侯推荐人，却不能叫诸侯让他做大夫。从前，（天子）尧帝将舜推荐给天，天接受了；向百姓公布，百姓接受了；所以说，上天不说话，只是用行为和事件来示意而已。"

万章还不太懂，再问："冒昧地请问，向上天推荐，而上天接受了；向老百姓公布，老百姓也接受了，这又怎么说（敢问荐之于天而天受之，暴之于民而民受之，如何）？"孟子也再耐心讲来："使之主祭而百神享之，是天受之；使之主事而事治，百姓安之，是民受之也。天与之，人与之，故曰：天子不能以天下与人。舜相尧二十有八载，非人之所能为也，天也。尧崩，三年之丧毕，舜避尧之子于南河之南。天下诸侯朝觐者，不之尧之子而之舜；讼狱者，不之尧之子而之舜；讴歌者，不讴歌尧之子而讴歌舜，故曰天也。夫然后之中国，践天子位焉。而居尧之宫，逼尧之子，是篡也，非天与也。《太誓》曰：'天视自我民视，天听自我民听'，此之谓也。"（《孟子·万章章句上·第五节》）

这段话译成现代汉语是："（孟子举尧为例说）让他主祭而百神享之，这是天接受他；使他主国政而政平，百姓安然之，这是百姓接受他。这就是天授予尧，百姓授予尧，所以说：天子是不能把天下给人的。舜辅佐尧二十八年，这不是单凭人的能力就能做到的，这是天意。尧去世，三年服丧后，舜避开尧的儿子（丹朱）到了南河之南，天下诸侯朝拜天子，不去见尧的儿子而去拜见舜；打官司的人，不去见尧的儿子而去拜见舜;歌颂的人,不歌颂尧的儿子而歌颂舜,所以说,这是天意。这之后舜才回到中原,继承天子之位。如果他直接(居住尧)的宫殿,逼迫尧的儿子,就是篡夺,就不是天给的了。《尚书·泰誓》上说:'天所看见的来自人民所看见的,天所听见的来自人民所听见的。'说的就是这个意思。"

　　看看,孟子通过尧禅位于舜的故事,不但巧妙地整合了天与民的关系,而且将民本再次提升:天视来自民视,天听来自民听。这是多么伟大的思想啊!中华文明数千年,因有这个思想而光芒万丈。在这个思想下,君主(立宪)制也罢,(民主)共和制也罢,都只是个制度问题。贯彻这个思想,才是民族可以长存与发展的根本所在。(注:在《孟子·万章章句上·第六节》中,孟子也重述了这个思想,并说了一句经典的话:"天与贤,则与贤;天与子,则与子(上天想把天下给贤人,就会给贤人;上天想把天下给儿子,就会给儿子)。"

第六章　仁政的理论基石

一、人性善

提倡仁政德政,你的政治学说有出处吗? 或说建立在什么理论基础上? 我们下面就来看看孟子行仁政德政学说的理论基石有哪些。

第一个理论基石就是"人性善"。"人性善"和"称尧舜"是孟子儒学的两条纲。正因为"人之初,性本善",君王性本来也是善的,所以会行仁政;百姓性本是善良的,所以可以以道德来规范,来实施德政。孟子认为人与兽的区别仅有一点点,那就是有人性。他曾说:"人之所以异于禽于兽者几希,庶民去之,君子存之。舜明于庶物,察于人伦,由仁义行,非行仁义也。"(《孟子·离娄章句下·第十九节》)

这段话翻译成现代汉语是:"人之所以区别禽兽的地方只有一点点, 现在小民还让这一点点优点在丢失,只有君子保存着它。舜帝明白自然道理,再察看人伦关系，就从人性中本来有的仁来行事，而不是为行仁义而行仁义。"

因为人有人性或说人性善而与禽兽有了区别，孟子便将人性更细化成了怜悯心、羞耻心、谦让心和是非心，认为"四心"造就了"仁、义、礼、智"，从而有了"四端说"的学术观点。

孟子是这样说的："人皆有不忍人之心。先王有不忍人之心，斯有不忍人之政矣。以不忍人之心，行不忍人之政，治天下可运之掌上。

"所以谓人皆有不忍人之心者，今人乍见孺子将入于井，皆有怵惕恻隐之心。非所以内交于孺子之父母也，非所以要誉于乡党朋友也，非恶其声而然也。

"由是观之，无恻隐之心，非人也；无羞恶之心，非人也；无辞让之心，非人也；无是非之心，非人也。恻隐之心，仁之端也；羞恶之心，义之端也；辞让之心，礼之端也；是非之心，智之端也。人之有是四端也，犹其有四体也。有是四端而自谓不能者，自贼者也；谓其君不能者，贼其君者也。

"凡有四端于我者，知皆扩而充之矣，若火之始然，泉之始达。苟能充之，足以保四海；苟不充之，不足以事父母。"（《孟子·公孙丑章句上·第六节》）

这几段话译成现代汉语是："每个人都有怜悯别人的心理。先王由于有怜悯别人的心，所以才有怜悯百姓的政治。用怜悯别人的心，施行怜悯百姓的政治，治理天下就在股掌之中了。

"所以说每个人都有怜悯别人的心。今天突然看见一个小孩要掉进井里去了，人人都会产生惊悚同情心。这不是因为要想去结交这孩子的父母，不是因为要想在乡邻朋友中博取声誉，也不是因为厌恶这孩子的哭叫声才产生这种惊悚同情心理的。

"由此可见，没有怜悯心，不是人类；没有羞耻心，不是人类；没有谦让心，不是人类；没有是非心，不是人类。怜悯心是仁的发端；羞耻心是义的发端；谦让心是礼的发端；是非心是智的发端。人有这四端，就像有四肢一样。有了这四端却自己称不能实行者，是自暴自弃的人。说自己君王不能行仁政的，是损害君主的人。

"凡是有这四端的人，都知道要扩充四端，就像火刚刚开始燃烧，泉水刚刚开始流淌。如果能够扩充它们，便足以安定天下，如果不能够扩充它们，就连赡养父母都成问题。"

对孟子的人性善，孟子的学生告子有过不同意见。他说："人性就好比是湍急的水流，在东边冲开缺口就向东流，在西边冲开缺口就向西流。人性没有善与不善之分，就好比水可向东流也可向西流一样（性犹湍水也，决诸东方则东流，决诸西方则西流。人性之无分于善不善也，犹水之无分于东西也）。"听了他的话，孟子说："水信无分于东西。无分于上下乎？人性之善也，犹水之就下也。人无有不善，水无有不下。今夫水，搏而跃之，可使过颡；激而行之，可使在山。是岂水之性哉？其势则然也。人之可使为不善，其性亦犹是也。"（《孟子·告子章句上·第二节》）

这段话翻译成现代汉语是："水流相信是可流向东可流向西的，但是可随意向上流或向下流吗？人的本性是善良的，就好比水向下流淌一样。人的本性没有不善良的，就像水没有不向下流淌的。今天来说一下水，击打它就可以溅得很高，可以使它高过额头；阻挡它让它倒行，就可以使它流上山冈。难道这是水的本性吗？是有势力让它这样的。人之所以变为不善良了，其本性的变化就是这样的。"

说了此段，孟子犹嫌不足，在《孟子·告子章句上·第八节》再说了一段话："牛山之木尝美矣，以其郊于大国也，斧斤伐之，可以为美乎？是其日夜之所息，雨露之所润，非无萌蘖之生焉，牛羊又从而牧之，是以若彼濯濯也。人见其濯濯也，以为未尝有材焉，此岂山之性也哉？

"虽存乎人者，岂无仁义之心哉？其所以放其良心者，亦犹斧斤之于木也，旦旦而伐之，可以为美乎？其日夜之所息，平旦之气，其好恶与人相近也者几希，则其旦昼之所为，有梏亡之矣。梏之反覆，则其夜气不足以存；夜气不足以存，则其违禽兽不远矣。人见其禽兽也，而以为未尝有才焉者,是岂人之情也哉?

"故苟得其养,无物不长;苟失其养,无物不消。孔子曰:'操则存,舍则亡;出入无时,莫知其乡。'惟心之谓与?"

这段话翻译成现代汉语是:"牛山上的树木曾经很茂美,那是因为它长在都城的郊外。如常被刀斧砍伐,又怎能保持其茂美呢?虽然它日夜呼吸,有雨露滋润,也并非没有新枝嫩芽生长出来,但牛羊又放上山来,所以牛山就光秃秃的了。人们见到它光秃秃的样子,便误以为它不曾生长过树木,这难道是山的本性吗?

"人生在世,怎能没有仁义之心? 有些人之所以放弃良心,是由于也像树木遭了刀斧一样,天天砍伐它,树木怎么能茂美呢?尽管他们当天夜里呼吸,包括吸纳清晨的新鲜空气,他们的喜好憎恶也与人有几分相近之处,但是他们到了第二天白天,因为有束缚而丧失(夜里)所得。束缚多次反复,就使夜里吸纳的气不能存留下来;夜里吸纳的气不能存留下来,他们便跟禽兽相距不远了。人们看见他们那近似禽兽的行为,以为他们根本未曾有过才能,这难道是人的本来特征吗?

"所以如果得到一定的培养,没有什么事物是不生长的;如果失去培养,没有什么事物是不消亡的。孔子说:'操练就能存留,舍弃就会消亡;出入没有规律,就不知道自己的故乡了。'这就是针对人心而言的吧!"

孟子的这些话,既说明人性本善,因后天而变,又说明养浩然之气的重要性,且让"夜气存"成了一个典故——后人用"夜气存"比喻人能保持善良的天性,以"夜气不存"比喻人丧失了善良的天性。

不过孟子虽然不同意告子的说法,但自己有时候却也说到了人性本无善与不善的观点。有一次他长篇大论地说(当然也可能就是对告子说的,因为这段话也在《告子章句上·第七节》里):"富岁,子弟多赖;凶岁,子弟多暴,非天之降才尔殊也,其所以陷溺其心者然也。

"今夫麰麦,播种而耰之,其地同,树之时又同,浡然而生,至于日至之时,皆熟矣。虽有不同,则地有肥硗,雨露之养,人事之不齐也。故

凡同类者,举相似也,何独至于人而疑之?圣人与我同类者。故龙子曰:
'不知足而为屦,我知其不为蒉也。'屦之相似,天下之足同也。

"口之于味,有同耆也。易牙先得我口之所耆者也。如使口之于味
也,其性与人殊,若犬马之与我不同类也,则天下何耆皆从易牙之于味
也?至于味,天下期于易牙,是天下之口相似也惟耳亦然。至于声,天下
期于师旷,是天下之耳相似也。惟目亦然。至于子都,天下莫不知其姣
也。不知子都之姣者,无目者也。故曰:口之于味也,有同耆焉;耳之于
声也,有同听焉;目之于色也,有同美焉。至于心,独无所同然乎?心之
所同然者何也?谓理也,义也。圣人先得我心之所同然耳。故理义之悦
我心,犹刍豢之悦我口。"

这段话翻译成现代汉语是:"丰收之年,百姓的子女大多变懒;逢
灾之年,百姓的子女多有成暴徒的。这不是上天赋予他们的天资不同,
他们之所以沉陷于环境是由于心变了。

"以大麦而论,播下种子把地耙平,如果土地相同,栽种的时节也
相同,便会蓬勃生长。到了夏至时都会成熟。如有不同,那是因为土地
有肥瘠,雨露的滋养有多少,人们投入的力量不等造成的。所以凡是同
类的,大体都相同,为什么单单怀疑人不是这样呢? 圣人与我们是同
类, 所以一个擅长编草鞋的人龙子说:'不知道脚的形状我就能编草
鞋,因为我知道我决不会把草鞋编成草筐子。'草鞋式样都相似,是因
为人的脚都相同。

"人的口对于味道,有相同的品尝力;易牙早就弄清了我们口的品
尝力。假如口的品尝力,人与人不同,就像狗啊马呀的与我们不同,那
么天下人为什么通过品尝后会追从易牙的口味呢? 讲到口味,天下人
都期望尝到易牙的菜,正是天下人口的品尝力都是相同的罢了。讲到
声音,天下人都期望听到师旷的演奏,这是天下人的耳力是相同的。人
的眼力也如此。讲到郑昭公时的美男子子都,天下人没有不知道他长
得美的。不知道子都长得美的人,就是没眼力的人。所以说,人口对于
味,有相同的品赏力;人耳对于声音,有相同的耳力;人眼对于颜色,有

相同的眼力。那对于心，就独独没有了相同的内心吗？内心的相同之处是什么呢？是理，是义。圣人不过是先得知了我们内心相同的东西而已。所以理和义使我们的心得到喜悦，就好比牛羊猪狗的肉饱我口福一样。"看看，孟子似乎与告子又观点相同了罢。不过这无伤大雅，只是一个小插曲而已。

二、人和

孟子把其第二块理论基石——人和看得很重。一个国家要取得成功，要天时、地利与人和，但天时、地利都不如人和。

孟子说："天时不如地利，地利不如人和。三里之城，七里之郭，环而攻之而不胜。夫环而攻之，必有得天时者矣；然而不胜者，是天时不如地利也。城非不高也，池非不深也，兵革非不坚利也，米粟非不多也；委而去之，是地利不如人和也。

"故曰：域民不以封疆之界，固国不以山溪之险，威天下不以兵革之利。得道者多助，失道者寡助。寡助之至，亲戚畔之；多助之至，天下顺之。以天下之所顺，攻亲戚之所畔；故君子有不战，战必胜矣。"（《孟子·公孙丑章句下·第一节》）

这段话翻译成现代汉语是："有利的时机和气候不如有利的地势，有利的地势不如人的团结齐心。（人和了）一个三里方圆的内城、七里方圆的外城墙，四面围攻都不能够攻破。既然四面围攻，总有遇到有利时机或有利天气的时候，但仍攻不破，这说明有利的时机和气候不如有利的地势。（另一种情况是），城墙不是不高，护城河不是不深，兵器和甲胄不是不利和不坚硬，粮草也不是不充足，但还是弃城而逃了，这说明有利的地势不如人的团结齐心。

"所以说：聚百姓成国家不是靠划出的边界，强固国家不是靠山川险阻，扬威天下也不是靠强兵利器。得道的人得到的帮助就多，失道的人得到的帮助就少。帮助的人少到极点时，连亲戚也会叛离；帮助的人多到极点时，全天下的人都会顺从。以全天下顺从的人，去攻打连亲戚都会叛离的人，由此就可以说君子一般不战，战必胜。"

三、伦理

孟子提倡的伦理要求是："父子有亲，君臣有义，夫妇有别，长幼有序，朋友有信（父子有亲情，君臣讲义气，夫妻有分工，长幼讲尊卑，朋友讲诚信）。"（《孟子·滕文公上·第四节》）

孟子还认为，伦理是治天下的捷径。孟子说："道在尔而求诸远，事在易而求之难。人人亲其亲、长其长而天下平。"（《孟子·离娄章句上·第十一节》）

这段话翻译成现代汉话是："道就在边上反而去远处寻，事情本来容易却向难处求。（其实捷径就是）人人亲近自己的亲人、尊敬自己的长者天下就太平了。"

孟子把丧事看作是重伦理道德的一件大事。他说："养生者不足以当大事，惟送死可以当大事（养育生者还说不上算大事，只有给死者送终才可以当作大事）。"（《孟子·离娄章句下·第十三节》）

孟子在讲伦理时要求恪守严格的礼仪。孟子有个学生叫乐正子（名克，鲁国人），开始在鲁国做官，后随齐国官职为右师的王子敖来到了齐国。当时孟子也在齐国，知道老师在齐国，乐正子当然要来拜见，只是他到了齐国几天后才来拜见。孟子见他说："你还来见我呀（子亦来见我乎）？"乐正子说："老师何出此言啊（先生何为出此言也）？"孟子问："你来了几天了（子来几日矣）？"乐正子说："前几天到的（昔昔）。"孟子说："你前几天就来了，那我的话，不正说对了么（昔昔，则我出此言也，不亦宜乎）？"这时乐正子为自己辩解了一句："不是我不马上来拜见您，是我的住处没有定下来（舍馆未定）。"孟子不依不饶地说："那你听说过，要住处定后才来拜见长者的吗？（子闻之也，舍馆定，然后求见长者乎）？"这时乐正子承认了自己不严格执礼的错误："学生有罪（克有罪）！"（《孟子·离娄章句上·第二十四节》）

孟子这是小题大做、吹毛求疵吗？笔者以为不是。我国民国的大师们,执礼都十分严格。如陈寅恪先生,学生们去他家见老师,这时老师的父亲陈三立也在。这时的陈寅恪是如何做的呢?父亲当然是坐中间的。而学生拜见过他后,他让学生入座,自己却站在父亲的身后。学生们由他的做法一下子就明白了两个道理:作为晚辈,必须尊重长辈;作为主人,则应遵守待客之道。(见2013年9月19日羊城晚报《陈寅恪找位置》)在父亲身边,学生拜见后可入座,他则仍然站在父亲边上。如此严格的礼仪才培训出了懂礼文明的民族。

孟子讲伦理,又要求为了主旨而变通。如婚姻要告诉父母,但为了有后这个大孝,则可以变通。孟子说过这样的话:"不孝有三,无后为大。舜不告而娶,为无后也,君子以为犹告也。"(《孟子·离娄章句上·第二十六节》)

这段话翻译成现代汉语是:"不孝的情况有三种,其中以没有后代的罪过为最大。舜没有禀告父母就娶妻,为的就是他当时还没有后代。所以,君子都认为他实际上如禀告了一样。"关于舜没有禀告父母就成亲,在《孟子·万章章句上·第二节》也有更详细一点的阐述。

孟子讲伦理,是提倡孝的。孟子讲孝有三次,第一次,孟子只说了上面这一句关于"不孝有三"的话。不孝有三,那不孝的另两个罪过是什么呢?在这句话里他并没有讲到。到了东汉时,经学家、曾任并州刺史的赵岐在《孟子注》里加了如下说法:"不孝者三,一曰阿意曲从,陷亲不义;二曰家贫亲老,不为禄仕;三曰不娶无后,绝先祖祀。三者之中,以无后为大。"

这段话翻译成现代汉语是:"一味顺从,陷双亲于不义之中,这是第一种不孝。家贫且父母年老,自己却不去谋俸禄来供养他们,这是第二种不孝。不娶妻生子,断绝了对祖先的祭祀,这是第三种不孝。三种不孝,以无后为最不孝。"

第二次,孟子说要把对亲人的孝放在高于政务之上,而不是我们现在提倡的那样,先忙公务,为了公务可以不回家省亲不侍奉老人。孟子举舜为例这样说:"天下大悦而将归己。视天下悦而归己,犹草芥也。

惟舜为然。不得乎亲，不可以为人；不顺乎亲，不可以为子。舜尽事亲之
道而瞽瞍厎豫，瞽瞍厎豫而天下化，瞽瞍厎豫而天下之为父子者定，此
之谓大孝。"（《孟子·离娄章句上·第二十八节》）

　　这段话翻译成现代汉语是："（舜知道）天下人都很喜悦地要来归
附自己了。把整个天下都很喜悦地来归附自己看成草芥一样的事，只
有舜如此。不得到亲人的亲情，不可以作为一个人；不顺从亲人，不能
成其为儿子。舜尽了侍奉亲人之道而使父亲瞽瞍最终快乐，瞽瞍最终
快乐而使天下人得到教化，瞽瞍快乐而天下父子间的伦理规范也就确
定了，这就叫作大孝。"可见舜是把侍奉好父母放在国家大事之上的。

　　要把孝当成人生最重要的事来做，孟子在《孟子·万章章句上·第
一节》中再有说明。一生追随孟子的弟子万章有一天问孟子："舜到田
野里，望着天空哭诉，他为什么事呼告哭泣呢（舜往于田，号泣于旻天，
何为其号泣也）？"孟子为此说了一长段话："长息问于公明高曰：'舜往
于田，则吾既得闻命矣；号泣于旻天，于父母，则吾不知也。'公明高曰：
'是非尔所知也。'夫公明高以孝子之心，为不若是恝，我竭力耕田，共
为子职而已矣，父母之不我爱，于我何哉？帝使其子九男二女，百官牛
羊仓廪备，以事舜于畎亩之中。天下之士多就之者，帝将胥天下而迁之
焉。为不顺于父母，如穷人无所归。天下之士悦之，人之所欲也，而不足
以解忧；好色，人之所欲，妻帝之二女，而不足以解忧；富，人之所欲，富
有天下，而不足以解忧；贵，人之所欲，贵为天子，而不足以解忧。人悦
之、好色、富贵，无足以解忧者，惟顺于父母，可以解忧。人少，则慕父
母；知好色，则慕少艾；有妻子，则慕妻子；仕则慕君，不得于君则热中。
大孝终身慕父母。五十而慕者，予于大舜见之矣。"公明高是曾子（孔子
的弟子）的弟子，长息又是公明高的弟子。

　　这段话的翻译成现代汉语是："长息曾经问公明高：'舜到田野里，
我已经听你讲解过了；望着天哭诉，是为了父母，那我就不懂了。'公明
高说：'这真不是你能理解的了。'这是公明高以孝子的心态，知舜不会
淡然：我尽力地耕田，已恭敬地完成了做儿子的职责，至于父母不宠爱

我，那是我什么过错造成的呢？帝尧派他的九个儿子两个女儿、百官带着牛羊、备足粮食，到田间去侍奉舜。天下的许多士都去归附他，帝尧考察天下而把天下迁让给舜。但因为不被父母喜欢，舜就如同穷人找不到归宿一样。被天下的士喜欢，是每个人所希望的，但不能解开舜的忧愁；好色，是每个人本性，但娶了帝尧的两个女儿，还是不能解开舜的忧愁；富裕，也是每个人所希望的，但富有了整个天下，也还是不能解开舜的忧愁；尊贵，也是每个人所希望的，但尊贵到身为天子，也还不能解开舜的忧愁。被人喜爱、得到美色、富裕且尊贵，没有一样能解除舜的忧愁，惟有让父母顺心才能解忧。人在少年时，仰慕父母；知道美色了，则思念年轻漂亮的女子；有了妻子，就会眷念妻与子；入仕做官就会敬仰君主，得不到君主赏识就会内心焦躁。只有大孝的人终身敬仰父母。到了五十岁还敬仰父母的人，我在大舜身上见到了。"

由儒家倡导的这个"孝高于一切"的观念出发，古人做再大的官，身负再大的职责，父母去世，都要放下公事，辞职回祖籍守制二十七个月，这叫丁忧。

孟子第三次讲到孝，是在《孟子·离娄章句下·第三十节》。有一天，有一个叫公都子的人问孟子："那个叫匡章的人，齐国一国人都说他是不孝之子。夫子您为什么与他交游，还待他很有礼貌，这是为什么呢（匡章，通国皆称不孝焉。夫子与之游，又从而礼貌之，敢问何也）？"孟子说："世俗所谓不孝者五：惰其四支，不顾父母之养，一不孝也；博弈好饮酒，不顾父母之养，二不孝也；好货财，私妻子，不顾父母之养，三不孝也；从耳目之欲，以为父母戮，四不孝也；好勇斗狠，以危父母，五不孝也。章子有一于是乎？

"夫章子，子父责善而不相遇也。责善，朋友之道也；父子责善，贼恩之大者。

"夫章子，岂不欲有夫妻子母之属哉？为得罪于父，不得近。出妻，屏子，终身不养焉。其设心以为不若是，是则罪之大者，是则章子已矣。"

这段话译成现代汉语是："社会上所说的不孝有五种情况：四肢懒惰，不管父母的赡养，是第一种不孝。喜欢赌博又好酗酒，不管父母的赡养，这是第二种不孝。喜欢财物，偏爱妻儿，不管父母的赡养，这是第三种不孝。放纵声色，给父母带来羞辱，这是第四种不孝。好勇斗狠，危害连累父母，这是第五种不孝。匡章有上述哪一种不孝的情况呢？

"这个匡章，是因为父子之间相互苛责从善而导致关系恶化的。互相苛责从善，本是交友之道；父子间互相苛责从善，最伤害感恩之情。"

文章翻译到这里，应当把匡章的悲剧插入说个清楚。匡章，是齐国大将军，且屡有战功。但在他小的时候，他的父亲比较专制。匡章的母亲叫吕，一次得罪丈夫后被杀死并埋在马厩下。在母亲惨死后，匡章与父亲就形同陌路了。前320年，秦军来攻齐，齐威王让老将田盼领兵迎敌，而田盼则看中了齐威王身边这个叫匡章的三十岁左右的年轻人，提议让他为将。齐威王不但同意了田盼的请求，还说如果齐军得胜，就为他的母亲改葬。结果齐军大胜，匡章面临两难，听齐威王的话，为母改葬，就忤逆父亲；不改葬，便忤逆君王。他最后为母亲改葬了（史书没有明讲），但自己感到忤逆了父亲，认为自己是不孝的人，不应当得到妻子儿子的服侍，便休妻赶走了儿子，以作自我惩罚。正是这样的行为，齐国人说他是不孝的人。为此，孟子说了下面的话："这个匡章，难道不想有夫妻父子之间的感情吗？只因得罪了父亲，被疏远而不能亲近；才抛弃妻子儿女，终身得不到奉养。他在心里这样设想，如果不这样做，那不孝之罪就会更大，这就是匡章的真实情况。"孟子，在这里正确理解了匡章，也说清了他关于不孝的表现。这样，中国的不孝行为，似乎成了不孝有八，尽管内容上似有重叠。

在惩治犯罪上，孟子似乎是主张内外有别的。这也是中国皇亲国戚处理犯罪"外严内宽"的来源之一。有一天，曾子（孔子的学生）的爱徒万章问孟子："象（舜的同父异母弟弟）每天都把杀害舜作为要务，舜被拥立为天子后只是将他流放，这是为什么呢（象日以杀舜为事，立为天子，则放之，何也）？"孟子纠正他说："是封他为诸侯，只是有人说是

流放（封之也，或曰放焉）。"这时，万章不解地问："舜流共工于幽州，放
驩兜于崇山，杀三苗于三危，殛鲧于羽山，四罪而天下咸服，诛不仁也。
象至不仁，封之有庳。有庳之人奚罪焉？仁人固如是乎？在他人则诛之，
在弟则封之？"

　　这段话翻译成现代汉语是："舜流放共工到幽州（今北京密云县东
北部），发配驩兜（音 huān dōu，共工的同党）到崇山（今湖北崇阳县
南部），驱赶三苗（分布在洞庭湖和鄱阳湖之间的古民族）到三危（今甘
肃敦煌县东南部），诛杀鲧（禹的父亲）于羽山（位于江苏东海县和山东
临沭县交界处）。治四人罪而天下归服，这是因为惩办不仁者的结果。
象是极不仁的人，却封到有庳（今湖南道县北）。有庳的人民何罪之有？
仁人难道是这样处理问题的吗：对外人诛灭，对弟弟则封赏国土？"

　　对此，孟子回答说："仁人之于弟也，不藏怒焉，不宿怨焉，亲爱之
而已矣。亲之欲其贵也，爱之欲其富也。封之有庳，富贵之也。身为天
子，弟为匹夫，可谓亲爱之乎？"

　　这段话翻译成现代汉语是："仁人对于弟弟，不隐藏心中的愤怒，
也不记下怨恨，只为亲他爱他而已。亲他，是想要他尊贵；爱他，是想要
他富裕。封他到有庳国，正是要使他尊贵和富裕。本身是天子，弟弟却
是平民，能说对弟弟亲或爱了吗？"

　　对这番说词，万章再问："那再冒昧地请问，有人说是流放，这又是
什么意思呢（敢问或曰放者，何谓也）？"

　　孟子回答："象不得有为于其国，天子使吏治其国，而纳其贡税焉，
故谓之放，岂得暴彼民哉？虽然，欲常常而见之，故源源而来。'不及贡，
以政接于有庳'，此之谓也。"（《孟子·万章章句上·第三节》）

　　这段话翻译成现代汉语是："象虽封在有庳却不能有所作为，舜派
官员管理国家，还纳象的税让他上贡，所以有人称之为流放。（这样）象
怎么能残暴他的百姓呢？即使这样，如果想经常见面，他们兄弟可以常
常往来。所谓'不一定要等到朝贡，以政务与有庳国联系'。说的就是这
件事。"从这里可以看到，孟子从家庭伦理出发，主张对亲属，一要亲和

爱，二要从宽处理犯罪亲属，三要严管，不再放纵。这宽严相济的做法，既体现了亲情，又不失于管教，但相对百姓而言，则多有刑不上大夫的意味。

在惩治犯罪上，孟子还主张"亲亲相隐"，孟子是把伦理放在高于法治的位置上的（礼治也是一种法治，违反了礼治也是要受到惩处的）。后来"亲亲相隐"也是进入了中国古代的法典的，如亲亲相隐制度入律于汉宣帝地节四年（前66年）。是年汉宣帝下诏："自今子首匿父母、妻匿夫、孙匿大父母，皆勿坐。其父母匿子、夫匿妻、大父母匿孙，罪殊死，皆上请廷尉以闻。""亲亲得相首匿"正式成为中国封建法律原则和制度。

再来说孟子的"亲亲相隐"观点。孟子有一个学生叫桃应，有一天，他问："舜做天子，让正直的司法官皋陶为士，要是舜的父亲瞽瞍杀了人，应该怎么办（舜为天子，皋陶为士，瞽瞍杀人，则如之何）？"孟子回答："把瞽瞍抓起来呗（执之而已矣）。"再问："那么舜不会阻止皋陶吗（然则舜不禁与）？"孟子说："舜怎么会阻止皋陶？皋陶的执法权是舜授予的（夫舜恶得而禁之？夫有所受之也）。"桃应仍刨根问底："（有了这种不孝之举后）舜该如何做呢（然则舜如之何）？"孟子说："舜视弃天下，犹弃敝蹝也。窃负而逃，遵海滨而处，终身䜣然，乐而忘天下。"（《孟子·尽心章句上·第三十五节》）

这句话翻译成现代汉语是："舜把抛弃天下看作扔掉穿破的鞋子。他会偷偷背着父亲逃跑，找个海边住下，终身高高兴兴的，快乐得忘掉天下。"

此外，孟子还提倡亲情。有一次，孟子教导学生们说："孔子之去鲁，曰：'迟迟吾行也。'去父母国之道也。去齐，接淅而行，去他国之道也。"（《孟子·尽心章句下·第十七节》）

这段话翻译成现代汉语是："孔子离开鲁国时，说：'我们慢慢地走吧。'这是走在离开祖国的道路上。离开齐国，孔子冒着风雨就走，这是走在离开别国的道路上的情景。"

四、礼节

达没达到道，人与人有没有体现出情感，不是仅靠嘴来说的，还要有礼仪和礼节来保证，这就是礼仪的重要性所在，也是儒家强调礼仪的意义所在。

孟子首先强调礼仪要周全。有一段时间，孟子住在自己的家乡邹国。季任在任国（现山东济宁市任城区）当留守大臣。他送了一笔钱给孟子表示想和他交往。孟子收下了，但没有回礼。后来孟子来到平陆城（现属山西省运城市），担任齐国宰相的储子闻讯，也送来一笔钱相结交孟子，孟子收下后也没有回礼。一段时间后，孟子回到邹国，就去了任国见季子。但他又到平城并到了齐国时，却没有去见储子。他的学生屋庐子高兴地说："这下我可知道礼仪的一些规则了（连得闲矣）。"屋庐子在这里的潜台词是，这下他知道了，见到小官我们要平等待人要回礼，见到大官我们可以摆摆谱不回礼。

于是他把他的想法讲给了老师。他问孟子："先生到任国，拜见了季任；到齐国，却不去拜见储子，就是因为他是卿相吗（夫子之任见季子，之齐不见储子，为其为相与？"但孟子否定了他的想法。孟子说："非也。书曰：'享多仪，仪不及物曰不享，惟不役志于享。'为其不成享也。"

这段话翻译成现代汉语是："不是的。《尚书》里说：'享献有很多礼仪，送礼礼物再多礼仪不到也只能认为没有贡献，因为这表明贡献的人并没有把心意放在贡献上。'我就因为储子礼仪不到认为他的礼物不能算是享献呢。"

屋庐子很受教育，高兴地从老师那里出来。其他学生问他学到了什么，屋庐子说："季子是留守大臣，他离不开任城，来不了邹国，他送礼礼仪全了，里面有了心意。储子是可以到平陆来的，他没有来，所以（对待贤士的）礼仪不全（老师就没有去见他）。（季子不得之邹，储子得之平陆）"（《孟子·告子章句下·第五节》）

服丧年限因情况而定。有一次，就服丧的年限，孟子有了这么一段话。齐宣王想把三年的服丧期缩短。孟子的弟子公孙丑说："三年服丧，不会再比你已服过的丧有意义了（为期之丧，犹愈于已乎）。"对齐宣王表示了支持。孟子知道后不满地说："这好比有人拧他兄弟的胳膊，你只劝他：'你慢一点轻一点拧'一样，你应该教育他孝顺父母、恭敬兄长才是正道（是犹或紾其兄之臂，子谓之姑徐徐云尔，亦教之孝弟而已矣）。"

不久，有王子的母亲去世，王子的师傅为王子请几个月的丧假。公孙丑还记得孟子教导他一定要服丧三年的事，就问："王子只服丧几个月又该如何看待呢（若此者，何如也）？"孟子说："是欲终之而不可得也。虽加一日愈于已，谓夫莫之禁而弗为者也。"（《孟子·尽心章句上·第三十九节》）

这段话翻译成现代汉语是："他想服丧三年但客观条件不允许。即使多服丧一天也只是多服一天而已。我原来说的话是针对没有人禁止他服丧但他却不肯服丧的那种人的。"

避讳，孟子是要求避名不避姓的。《孟子·尽心章句下·第三十六节》讲了"脍炙和羊枣"的这个典故。春秋时，曾哲和曾子（即曾参）父子俩，同是孔子的弟子。父亲曾哲爱吃羊枣（黑枣），父亲去世后，曾子便不再吃父亲爱吃的羊枣。曾子的做法，在儒家弟子中是当作孝的典型传扬的。

这天，孟子的学生公孙丑就有了一问："鱼肉、烤肉和羊枣哪个好吃（脍炙与羊枣孰美）？"孟子说："当然是鱼肉、烤肉好吃（脍炙哉）！"既然鱼肉、烤肉好吃，那曾子和父亲曾哲当然也都会爱吃鱼肉和烤肉了。公孙丑马上就提出核心的问题："既然曾参和他父亲也都爱吃鱼肉、烤肉，那为什么曾参不戒鱼肉、烤肉，只戒羊枣呢（然则曾子何为食脍炙而不食羊枣）？"孟子说："脍炙所同也，羊枣所独也。讳名不讳姓，姓所同也，名所独也。"

这段话翻译成现代汉语是："鱼肉和烤肉，是大家都爱吃的；羊枣却是曾哲独自爱吃的东西。所以曾参只戒吃羊枣。避讳，只避讳名字不避讳姓，因为姓是同族人都有的，名是个人独有的。"

五、追求仁的最高层次

仁是分层次的。孟子说:"君子之于物也,爱之而弗仁;于民也,仁之而弗亲。亲亲而仁民,仁民而爱物。"(《孟子·尽心章句上·第四十五节》)

这段话翻译成现代汉语是:"君子对于万物,爱惜它,但谈不上仁爱;对于百姓,仁爱,但谈不上亲爱。要像爱亲人一样仁爱百姓,要像仁爱百姓一样爱惜万物。"在这里,孟子把仁爱分出三个层次,一是爱,二是仁,三是亲。他要求达到仁爱的最高层次是把人民当成自己的亲戚亲属一样对待。

第七章　用人

推行仁政便会涉及用人。

首先，孟子强调用人要用世臣，即世代服务于朝廷的世家。《孟子·梁惠王下·第七节》上记载，孟子对齐宣王说："所谓历史悠久的国家，不是因为那里有高大的古树，而有世代服务于朝廷的大臣（所谓故国者，非谓有乔木之谓也，有世臣之谓也）。"

在《孟子·万章章句下·第九节》中，孟子还告诉齐宣王，大臣（卿）有两种。有一天，齐宣王向孟子请教如何对待公卿大臣的问题。孟子问："大王问的是哪一类的卿呢（王何卿之问也）？"齐宣王有些惊诧："难道卿还有不同的吗（卿不同乎）？"孟子说："是有不同的，有国戚王族的公卿，有非王族的异姓公卿（不同。有贵戚之卿，有异姓之卿）。"齐宣王问："国戚王族的公卿如何（请问贵戚之卿）？"孟子说："国君有大的过错他们就会劝谏，反复劝谏不听，就会另立国君（君有大过则谏，反覆之而不听，则易位）。"一听这话，齐宣王气得脸都变了色（王勃然变乎色）。孟子说："大王不要见怪，大王问臣，臣不敢不正面回答您（王勿异也。王问臣，臣不敢不以正对）。"听他这么说了，齐宣王脸色好看了些，再问异姓的公卿会如何（王色定，然后请问异姓之卿）。孟子说："国君有过错他们则劝谏，反复劝谏不听，他们就会离开这个国家（君有过则谏，反覆之而不听，则去）。"读到这段，人们便可以明白治国理政时用官二代还是用贤用能的根本区别了。

齐宣王当时没有亲信的世臣，便问孟子如何选贤。孟子说："国君进贤，如不得已，将使卑逾尊，疏逾戚，可不慎与？左右皆曰贤，未可也；诸大夫皆曰贤，未可也；国人皆曰贤，然后察之；见贤焉，然后用之。左右皆曰不可，勿听；诸大夫皆曰不可，勿听；国人皆曰不可，然后察之；见不可焉，然后去之。左右皆曰可杀，勿听；诸大夫皆曰可杀，勿听；国人皆曰可杀，然后察之；见可杀焉，然后杀之。故曰，国人杀之也。如此，然后可以为民父母。"（《孟子·梁惠王章句下·第七节》）

这段话翻译成现代汉语是："国君选择贤才，在不得已的时候，会把原来地位低的人提拔到地位高的人之上，把原本关系疏远的提拔到王亲国戚之上，这能够不谨慎吗？因此，左右人都说某人贤，不可轻信；众大夫都说某人贤，还是不可轻信；全国的人都说某人贤，然后去考察他，发现他是真正的贤士，再任用他。左右都说某人不可用，不可轻信；众大夫都说某人不可用，还是不能轻信；全国的人都说某人不可用，然后去考查他，发现他真的不可用，再罢免他。左右都说某人该杀，不可轻信；众大夫都说某人该杀，还是不可轻信；全国的人都说某人该杀，然后去考查他，发现他真该杀，再杀掉他。所以说，是全国人杀的他。这样做，才可以做百姓的父母。"

其次，孟子把善良放在用人标准的前位。鲁国国君欲让乐正子（姓乐正，名克）为官。孟子听说后说："我听说后，高兴得睡不着觉（吾闻之，喜而不寐）。"他的学生公孙丑连发三问："乐正子能力很强吗（乐正子强乎）？""他深谋远虑吗（有知虑乎）？""他识多见广吗（多闻识乎）？"

孟子都回答说："否。""那您为什么高兴得睡不着觉？"孟子说："他为人善良（其为人也好善）。"

"仅善良就足够当官吗（好善足乎）？"公孙丑不明白了。孟子说："好善优于天下，而况鲁国乎？夫苟好善，则四海之内，皆将轻千里而来告之以善。夫苟不好善，则人将曰：'訑訑，予既已知之矣。'訑訑之声音颜色，距人于千里之外。士止于千里之外，则谗谄面谀之人至矣。与谗谄面谀之人居，国欲治，可得乎？"（《孟子·告子章句下·第十三节》）

这段话翻译成现代汉语是："喜好善良就优于天下很多官员了，哪里仅仅鲁国是这样呢？一个人如果好善，那么四海之内的人们，都将不怕千里之遥而来与他谈善事。一个人如果不好善，那么人们就会说：'荒唐，我早就知道这种人了。'他荒唐的声音和表情，会拒人于千里之外。如果士都止步于千里之外，那么谗媚奉迎之徒就会前来。和谗媚奉迎之徒一起相处，国家要想治理好，可能吗？"

作为补充，孟子在另一个场合还讲过四种人："有事君人者，事是君则为容悦者也。有安社稷臣者，以安社稷为悦者也。有天民者，达可行于天下而后行之者也。有大人者，正己而物正者也。"（《孟子·尽心章句上·第十九节》）

这段话翻译成现代汉语是："有一种叫侍奉君主的人，他们侍奉君主就专以让君王高兴（自己取宠）为己职；有一种叫安邦定国的人，他们以安定国家为乐事；有一种叫顺天爱民的人，他们发达时行于天下而后让天下人都顺应天意；有一种称为大人的人，他们先端正自己然后让万物都端正。"

第三，孟子要求君王要发挥人才所长。有一天，孟子谒见齐宣王时说："为巨室，则必使工师求大木。工师得大木，则王喜，以为能胜其任也。匠人斫而小之，则王怒，以为不胜其任矣。夫人幼而学之，壮而欲行之。王曰'姑舍女所学而从我'，则何如？今有璞玉于此，虽万镒，必使玉人雕琢之。至于治国家，则曰'姑舍女所学而从我'，则何以异于教玉人雕琢玉哉？"（《孟子·梁惠王章句下·第九节》）

这段话译成现代汉语是："要造大房子，就一定要叫工师去寻找大木料。工师找到了大木料，大王会高兴，认为工师是称职的。(如让一般木工去)木工把木料砍小了，大王会发怒，会认为木工是不称职的。一个人从小学到了一种本领，长大了想运用它，可大王却说：'暂且放弃你所学的本领来按我说的做。'那样行吗？设想现在有块璞玉在这里，虽然价值万金，也必定要叫玉师来雕琢。可一讲到治理国家时，您却说：'暂且放弃你所学的本领来按我说的做。'这跟您让玉师自行去雕琢玉石怎么就不同了呢？"

第四，孟子要求君子对臣要有"三有礼"。有一天，孟子对齐宣王说："君之视臣如手足，则臣视君如腹心；君之视臣如犬马，则臣视君如国人；君之视臣如土芥，则臣视君如寇雠。"

这段话翻译成现代汉语是："君王看待臣工如自己的手足，臣工就会视君主为腹中的心；君主看待臣子如同犬马，臣子就会视君王为常人；君主看待臣工如尘土草芥，臣工就会视君主如强盗仇敌。"

听孟子这么说，齐宣王说："按礼法，臣工要为旧君王服丧。那怎么能让他们情愿服丧呢(礼，为旧君有服，何如斯可为服矣)？"孟子说："谏行言听，膏泽下于民；有故而去，则君使人导之出疆，又先于其所往；去三年不反，然后收其田里。此之谓三有礼焉。如此，则为之服矣。今也为臣，谏则不行，言则不听；膏泽不下于民；有故而去，则君搏执之，又极之于其所往；去之日，遂收其田里。此之谓寇雠。寇雠何服之有？"(《孟子·离娄章句下·第三节》)

这段话翻译成现代汉语是："对臣工谏言能采用，对劝告能听取，(因而)恩泽能够惠及百姓；臣工有事要离国，君王能派人引导出国境，并派人事先前往其要去的地方做安排；其离去三年后不回来，才收回他的土地房产；这样做叫'三有礼'。做到这些，臣子就肯为他服丧。现在做臣工，谏言不被实行，建议不被听取，恩惠因此到不了百姓；臣工因故要离国，君王就派人拘捕他，押他到要去的地方；他押离的当天就没收了他的土地房产。这样做就成了强盗仇敌。对于强盗仇敌，怎么还会服丧呢？"

　　第五，孟子认为用贤才是真正的养贤。孟子对曾子的学生万章讲过一件事："鲁缪公对于子思，多次派人慰问，多次赠送煮熟的肉。子思对此很不高兴。最终，把派来的使者赶出大门之外，向北面叩头作揖而拒绝接受馈送，说：'至今才知道君主是把我孔伋当成狗马来畜养。'从此使者便不再来送东西了。很喜欢贤才但不举荐任用，又不能正确地养贤，这能说是喜欢贤才吗（缪公之于子思也，亟问，亟馈鼎肉。子思不悦。于卒也，摽使者出诸大门之外，北面稽首再拜而不受。曰：'今而后知君之犬马畜伋。'盖自是台无馈也。悦贤不能举，又不能养也，可谓悦贤乎）？"这时万章问道："那么怎么样才算是养贤呢？"孟子说："以君命将之，再拜稽首而受。其后廪人继粟，庖人继肉，不以君命将之。子思以为鼎肉，使己仆仆尔亟拜也，非养君子之道也。尧之于舜也，使其子九男事之，二女女焉，百官牛羊仓廪备，以养舜于畎亩之中，后举而加诸上位。故曰："王公之尊贤者也。"（《孟子·万章章句下·第六节》）

　　这段话翻译成现代汉语是："用国君的名义送来礼物，要两次跪拜叩头然后才能接受。以后管仓库的人送来粮食，管厨房的人送来肉食，都不说是用国君的名义送的。子思认为为了几块熟肉多次跪拜，这不是供养君子的办法。尧对于舜，让自己的九个儿子侍奉舜，又把两个女儿嫁给舜，百官、牛羊、仓库等都齐备了，使舜在田野中接受供养，然后才提升他担任很高的职位，所以说：'王公之尊贤者是这样的。'"听到这里才明白，孟子的意思是，养贤就是要用贤呀。子思嫌的不是肉，嫌的是国君老是给他肉而不用他为官，他跪来跪去就是见不到国君，你说他能不气吗？

　　第六，就人才本身而言，人才要从磨砺来。孟子说："舜发于畎亩之中，傅说举于版筑之间，胶鬲举于鱼盐之中，管夷吾举于士，孙叔敖举于海，百里奚举于市。故天将降大任于是人也，必先苦其心志，劳其筋骨，饿其体肤，空乏其身，行拂乱其所为，所以动心忍性，曾益其所不能。人恒过，然后能改；困于心，衡于虑，而后作；征于色，发于声，而后

喻。入则无法家拂士，出则无敌国外患者，国恒亡。然后知生于忧患而死于安乐也。"（《孟子·告子章句下·第十五节》）

这段话翻译成现代汉语是："舜原在历山田地间被尧起用而发展，傅说原在傅岩地方筑墙而被殷王武丁选拔，胶鬲在贩鱼盐时被周文王举荐给商纣王后又辅佐周武王，管夷吾（即管仲）被选拔时是个士，孙叔敖在海边隐居时被选拔，百里奚从市场上被选拔。所以，上天要让某个人担负重任，必定先要让他的心志受苦，让他的筋骨劳累，让他的身体挨饿，让他有一段时间穷困，（这时）他的行为没有违背他的行为准则，为此准则心有感动而培养出忍耐性格，这就增长了他的才干弥补不足。人经常会有过错，然后才会去改正。心灵被困，思虑被塞，而后才会有所作为。表现在脸上，发出声音，然后才能让人明白。进入一个国家，它如果没有制定法律的专家和提不同意见的谏臣，出国境时，国外没有敌国带来的忧患，这样的国家常常会消亡。由此我们才能知道人会在忧患中生、在安乐中死。"

第八章　君王与君子

君，古意是上古执笔写字的官，引申为得到尊重的人。《说文·口部》上说："君，尊也。"

得到尊重的人有三种：君王、君主与君子。君王指国王，帝王；君主一般指小国国王；君子古时指知书达理的士，指没有做官的圣贤。孟子对君是这样定义的："广土众民，君子欲之，所乐不存焉。中天下而立，定四海之民，君子乐之，所性不存焉。君子所性，虽大行不加焉，虽穷居不损焉，分定故也。君子所性，仁义礼智根于心。其生色也，睟然见于面，盎于背，施于四体，四体不言而喻。"（《孟子·尽心章句上·第二十一节》）

这段话翻译成现代汉语是："拓疆土和揽民众，是君子追求的，但他的快乐不在于此。站在天下的中心，安定四海的人民，君子乐于此，但他的本性不在于此。君子的本性，即使进行大作为也不会增益,即使居于穷困也不会减损,这是天分已定的缘故。君子的本性,仁义礼智根植在心中。(所以)其肤色润泽,流露在脸上,充盈在肩背,流向四肢,四体不用说话已有君子风采。"

孟子还补充说:"君子有三乐,而王天下不与存焉。父母俱存,兄弟无故,一乐也。仰不愧于天,俯不怍于人,二乐也。得天下英才而教育之,三乐也。君子有三乐,而王天下不与存焉。"(《孟子·尽心章句上·第二十节》)

这句话翻译成现代汉语是:"君子有三种快乐,但称王天下不在这当中。父母亲都在,兄弟姐妹都平安,这是第一种快乐;上不惭愧于天,下不惭愧于人,这是第二种快乐;得到天下英才并教育他们,这是第三种快乐。君子有这三种快乐,但称王天下不在这当中。"

既然君王与君子是有区别的,那么君王或君主应当如何对待君子即知书达理的士呢?

孟子说,君王不能像呼唤部下一样呼唤士。

孟子在齐国的某一天,本来打算去觐见齐王。可齐王的使者到了,使者传达齐王的话说:"我本应该来看您,但是感冒了,吹不得风。明早我将上朝处理政务,不知您能否来朝廷上,让我见到您?"孟子对这种轻慢有识之士的做法不满,马上说:"不幸的是,我也病了,明天不能去朝见。"

第二天,孟子要到东郭大夫家去吊丧,因为他说过病了的话,公孙丑就提醒他,昨天您以有病推了齐王要你今天去上朝,但你却又去东郭大夫家吊唁,不太好吧。孟子说,昨天生病,今天好了,怎么就不能去呢?说着就去了东郭大夫家。孟子走后,齐王又派人来问候孟子的病,还带了医生来。孟子的堂兄弟孟仲子应付说:昨天大王命令来时,他有采薪之忧(即病了)。今天病刚好了一点,已经上朝廷去了,但我不知道他能否到达朝廷。孟仲子打发来人走后,马上派人去追孟子,告诉他不要回家,一定得去朝廷。孟子不得已,先到了大夫景丑的家。景丑当然会批评他:家庭里有父子,家庭外有君臣,这是人与人最重要的伦理关系。父子以慈恩为主，君臣以恭敬为三。我只看见齐王尊敬您，却没看见您尊敬齐王呢（内则父子，外则君臣，人之大伦也。父子主恩，君臣主敬。丑见王之敬子也，未见所以敬王也）。"

孟子回答："恶！是何言也！齐人无以仁义与王言者，岂以仁义为不美也？其心曰：'是何足与言仁义也'云尔，则不敬莫大乎是。我非尧舜之道，不敢以陈于王前，故齐人莫如我敬王也。"

这段话翻译成现代汉语是："错。你这是什么话！齐国没有人与齐王谈仁义，这就是仁义不美了吗？其实他们心里想的是：'齐王哪里配谈仁义哟！'这才是最大的不敬齐王。我没有得到尧舜的道之前，不敢到大王面前来讲。所以说齐国没有人比我更敬大王了。"孟子这段话似乎有些强词夺理，他对齐王敬不敬倒不一定，但其中的潜台词是，我是口袋里有宝才来见大王的呀。

景丑却很执著地坚持他的论点，继续批评孟子："不，我不是说道的事。《礼经》上说，父亲召唤，不等到应'诺'声落地就起身；君王召唤，不等到车马备好就起身。您可是本来就准备朝见齐王的，听到齐王的召见反而不去了，这似乎和《礼经》上所说的不大相合吧（否，非此之谓也。礼曰：'父召无诺；君命召不俟驾。'固将朝也，闻王命而遂不果，宜与夫礼若不相似然）。"

这时，孟子就堂堂正正地推出他的君王应当如何对待有识之士的主张了："岂谓是与？曾子曰：'晋楚之富，不可及也；彼以其富，我以吾仁；彼以其爵，我以吾义，吾何慊乎哉？'夫岂不义而曾子言之？是或一道也。天下有达尊三：爵一，齿一，德一。朝廷莫如爵，乡党莫如齿，辅世长民莫如德。恶得有其一以慢其二哉？故将大有为之君，必有所不召之臣；欲有谋焉，则就之。其尊德乐道，不如是，不足与有为也。故汤之于伊尹，学焉而后臣之，故不劳而王；桓公之于管仲，学焉而后臣之，故不劳而霸。今天下地丑德齐，莫能相尚，无他，好臣其所教，而不好臣其所受教。汤之于伊尹，桓公之于管仲，则不敢召。管仲且犹不可召，而况不为管仲者乎？"（《孟子·公孙丑章句下·第二节》）

这段话翻译成现代汉语是:"你说的是这个呀!曾子说过:'晋国和楚国的财富,没有人赶得上。不过,他有他的财富,我有我的仁;他有他的爵位,我有我的义。我有什么不如他的呢?'您难道不懂曾子这段话的意义吗?今天的事道理也是一样的。天下最尊贵的东西有三样:一是爵位,一是年龄,一是德行。在朝廷上最尊贵那就是爵位;在乡里最尊贵的则是年龄;至于辅助君王治理百姓最尊贵的是德行。他怎么能够凭爵位来怠慢我的年龄和德行呢?所以,大有作为的君主一定有他不能以呼来唤去的方式对待的大臣;如果他有什么事情需要谋划,就要亲自去拜访他们。这就叫尊德乐道。不这样,就不能够大有作为。因此,商汤对于伊尹,先向伊尹学习,然后拜他为臣,于是不费大力气就统一了天下;桓公对于管仲,也是先向他学习再拜他为臣,于是不费大力气成为霸主。现在,天下各国的面积差不多,君主的德行也不相上下,没有别的原因,就是因为君王喜欢听他们的话的人为臣,而不喜欢教导他们的人为臣。商汤对于伊尹,桓公对于管仲都不敢召唤。管仲尚且不可以被召唤,更何况不屑当管仲的人呢?"

孟子认为君子与大臣交也是要不愈礼,保持自矜的。有一天,齐国大夫公行子的儿子去世了,齐国的右师王骥上门吊唁。王右师入门了,有上前来与他交谈的,也有右师坐下后走近来与他交谈的,唯有孟子不来与王右师交谈。王右师不高兴了,说各位君子都来与我交谈,孟先生你却不与我交谈,这可是有意怠慢我(诸君子皆与骥言,孟子独不与骥言,是简骥也)。"孟子回答说:"礼,朝廷不历位而相与言,不逾阶而相揖也。我欲行礼,子敖以我为简,不亦异乎?"(《孟子·离娄章句下·第二十七节》)

这段话翻译成现代汉语是:"礼法规定,在朝廷上不能越过自己的位子去交谈,不越过台阶去作揖。我按礼行事,右师认为我是怠慢,不是有点太奇怪了么?"

孟子总结性地说:"古之贤王好善而忘势,古之贤士何独不然?乐其道而忘人之势。故王公不致敬尽礼,则不得亟见之。见且由不得亟,

而况得而臣之乎？"(《孟子·尽心章句上·第八节》)

这段话翻译成现代汉语是："古代贤能的君王喜好善行而忘掉自己的权势，古代的贤士又何尝不是这样呢？乐于自己的道而忘掉别人的权势。所以王侯将相们不向他们致以敬意并按礼仪来对待他们，就不能够多次见到他们。见面尚且不能多得，何况得到他们来做臣子呢？"

孟子还认为君子在做官上要有气节，在三种情况下才去做官。某一次，孟子的学生陈子(臻)问他："古时候的君子在什么情况下才做官(古之君子何如则仕)？"孟子曰："所就三，所去三。迎之致敬以有礼，言将行其言也，则就之；礼貌未衰，言弗行也，则去之。其次，虽未行其言也，迎之致敬以有礼，则就之；礼貌衰，则去之。其下，朝不食，夕不食，饥饿不能出门户。君闻之曰：'吾大者不能行其道，又不能从其言也，使饥饿于我土地，吾耻之。'周之，亦可受也，免死而已矣。"(《孟子·告子章句下·第十四节》)

这段话翻译成现代汉语是："有三种情况可以做官，有三种情况可以辞官。(首先)迎接你时按礼仪对你致敬有加，表示按你的主张去实行，这就可以去就职。礼数虽然没有减少，但说了不想去实行了，那就辞官。其次，虽然没有要实行你的主张，但迎接时按礼仪对你致敬有加，也可以去就职。如果他的礼数减少了，那就离去。第三种情况是，早饭没得吃，晚饭也没得吃，饿得连出门的劲都没有。君主知道后说：'我从大的方面讲不能推行他的主张，又不能听从他的话。还让他在我的国土上挨饿，这是我的耻辱。'这时君主的周济，也是可以接受的，这不过是免于饿死罢了。"

对平时君子即士做的事，孟子也有论述。有一天，有一个叫王子垫的人问孟子："士做什么事(士何事)？"孟子说："培养志向(尚志)。"再问："什么叫培养志向(何为尚志)？"孟子说："仁义而已矣。杀一无罪，非仁也；非其有而取之，非义也。居恶在？仁是也；路恶在？义是也。居仁由义，大人之事备矣。"(《孟子·尽心章句上·第三十三节》)

这段话翻译成现代汉语是：“就是培养仁义罢了。杀一个无罪的人，不仁。不是你的东西你去拿来，不义。心居住哪里？居住在仁里。脚走在哪条路上？走在义的路上。心居仁脚行义，伟人的事业就成了。”

第九章　治国观念

一、暴政

与仁政相对应的是暴政。有仁君就有暴君。那么，可以推翻暴君么？推翻暴君是不是以下犯上违反了忠君的道德呢？

有一天，齐宣三问："商汤流放了夏桀，武王讨伐了商纣王，有这事吗（汤放桀，武王伐纣，有诸）？"孟子说："文献上有记载（于传有之）。"这时，齐宣王马上就追问："这不都是臣杀了他们的君王吗？可以这样做吗（臣弒其君，可乎）？"这时孟子说："贼仁者谓之贼，贼义者谓之残，残贼之人谓之一夫。闻诛一夫纣矣，未闻弒君也。"（《孟子·梁惠王章句下·第八节》）

商汤，河南商丘人。姓子，名履，又名天乙，商朝开国帝王。夏桀，夏朝末代君主，相传是个暴君。传说商汤灭夏后，把桀流放到南巢（据传在今安徽省巢县一带）。武王，即周武王姬发，是西周王朝开国君主。商纣王，即帝辛，商朝最后一个君王，昏乱残暴。周武王起兵讨伐，商朝灭亡后，纣自焚而死。孟子的这段话，译成现代汉语是："戕害仁的人叫作贼子，戕害义的人叫作暴君。贼子暴君就叫独夫。我只听说杀了独夫纣，没有听说弑君呢。"由此，孟子推出了"水可载舟亦可覆舟"的政治依据——君王是否行仁政，不行仁政的君王人人得以推翻。

二、巡游

帝王总是要巡游天下的。为什么要巡游？如何巡游才是对的？孟子在齐宣王的雪宫里给他讲了齐景公的故事。

某天，齐景公问自己的宰相晏子说，我想到转附（即之罘山，在今山东省烟台市芝罘岛上）、朝儛（地址不详）两座山去游览，然后沿着海岸南行，一直到琅邪一带走走。我该怎样备办才能和先王一样观壮呢？这时，晏子回答说："善哉问也！天子适诸侯曰巡狩，巡狩者巡所守也；诸侯朝于天子曰述职，述职者述所职也。无非事者。春省耕而补不足，秋省敛而助不给。夏谚曰："吾王不游，吾何以休？吾王不豫，吾何以助？一游一豫，为诸侯度。"今也不然：师行而粮食，饥者弗食，劳者弗息。睊睊胥谗，民乃作慝。方命虐民，饮食若流。流连荒亡，为诸侯忧。从流下而忘反谓之流，从流上而忘反谓之连，从兽无厌谓之荒，乐酒无厌谓之亡。先王无流连之乐，荒亡之行。惟君所行也。"

这段话译成现代汉语就是："问得好啊。天子去诸侯国，叫巡狩。所谓巡狩就是去巡视守土有责者尽职尽责的情况。诸侯朝见天子叫述职，所谓述职就是讲述自己尽职尽责的情况。巡狩与述职没有不和工作有关系的。春天巡视耕种情况，对粮食和种子不够者给予补助；秋天里巡视收获情况，对歉收的给予补助。夏朝有谚语说：'我王不巡游，我怎得休息？我王不快乐，我怎得赏赐？一巡一快乐，诸侯要考量。'现在可不是这样了：国君游就兴师索粮，饥饿的人得不到粮食补助，劳苦的人得不到休息。人人侧目怒视，怨声载道，违法的事情也就做出来了。这种出游逆天虐民，吃喝如同流水。这叫'流连荒亡'，让诸侯们忧虑。什么叫'流连荒亡'呢？从上游向下游游玩并乐而忘返叫做流；从下游向上游游玩并乐而忘返叫作连；打猎不知厌倦叫作荒；嗜酒不加节制叫作亡。古代圣贤君王既无流连的享乐，也无荒亡的行为。至于大王您想如何做，您自己选择吧。"

孟子说，齐景公听了晏子的话后，说先在都城内戒严，然后驻扎郊外，再开仓赈济贫民。他再召集乐官说：'给我创作一些君臣同乐的乐曲！'这就是《徵招》《角招》。其中的歌词说：'畜君有什么不对呢？''畜君'就是热爱国君的意思。"（《孟子·梁惠王章句下·第四节》）在这里，我们知道了"述职"一词的出处，知道了何为"流连荒亡"，还知道了孟子巡视的思想：要因事而发，为关注百姓的生活而游。

三、爱财与好色

古代的君王真是直率，有啥说啥。在孟子向齐宣王宣讲周文王的仁政时，齐宣王就称自己做不到，因为自己有两个毛病，一是爱财，一是好色。他问孟子，这如何是好？

对于爱财，孟子回答："昔者公刘好货；诗云：'乃积乃仓，乃裹糇粮，于橐于囊。思戢用光，弓矢斯张，干戈戚扬，爰方启行。'故居者有积仓，行者有裹粮也，然后可以爰方启行。王如好货，与百姓同之，于王何有？"

这段话翻译成现代汉语是："从前公刘也喜爱钱财。《诗经》说：'囤粮满仓，备好干粮，装袋装囊。团结争光，张弓带箭齐武装。盾戈斧钺拿手上，动身向前方。'因此住户仓有谷，行者有干粮，然后才能动身向前方。大王如果喜爱钱财，能与老百姓共富裕，这对施行王政有什么影响呢？"

对于好色，孟子回答："昔者大王好色，爱厥妃。诗云：'古公亶父，来朝走马，率西水浒，至于岐下。爰及姜女，聿来胥宇。'当是时也，内无怨女，外无旷夫。王如好色，与百姓同之，于王何有？"（《孟子·梁惠王章

句下·第五节》）

这段话翻译成现代汉语是："从前周太王也好色，爱他的妃子。《诗经》说：'古公亶父周太王，一早快马来上朝。沿着西边河岸跑，一直走到岐山下。带着妻子姜氏女，勘察地址建新居。'那时，没有找不到丈夫的老处女，也没有找不到妻子的老光棍。大王好色，能想到老百姓也喜爱女色，这对施行王政有什么影响呢？"

看来，贪财好色还不一定是毛病，只要与百姓共享共乐，与国家政治并没有大碍。

不过，孟子最后还是告诫了一声，爱财最终不是好事。他说："诸侯之宝三：土地、人民、政事。宝珠玉者，殃必及身（诸侯的宝有三个：土地、人民和政事。以珍珠和玉器为宝，定会造出祸事殃及身家性命）。"（《孟子·尽心章句下·第二十八节》）

四、经济

行仁政，要有经济支撑。

孟子仁政的经济思想之一是实行井田制。在滕文公派大臣毕战来问关于井田制的问题时，孟子力推滕文公实行井田制，并详细讲了井田制实行的办法："子之君将行仁政，选择而使子，子必勉之！夫仁政，必自经界始。经界不正，井地不钧，谷禄不平。是故暴君污吏必慢其经界。经界既正，分田制禄可坐而定也。夫滕壤地褊小，将为君子焉，将为野人焉。无君子莫治野人，无野人莫养君子。请野九一而助，国中什一使自赋。卿以下必有圭田，圭田五十亩。余夫二十五亩。死徙无出乡，乡田同井。出入相友，守望相助，疾病相扶持，则百姓亲睦。方里而井，井九百亩，其中为公田。八家皆私百亩，同养公田。公事毕，然后敢治私事，所以别野人也。此其大略也。若夫润泽之，则在君与子矣。"（《孟子·滕文公章句上·第三节》）

这段话译成现代汉语就是："你的国君将要实行仁政了，特意选派你来，你一定要鼓励你的国君去做！所谓仁政，必须从分清田土的经纬之界着手。经纬之界不正，井田就不会平均，租税俸禄就不会公平。所以暴君和污吏必然不重视田土的经纬之界。田土的经纬之界一旦划分正确，怎样分配田土和俸禄就可以坐下来议定了。而滕国，虽然土地狭小，但一样要有国君，一样有人民。没有君王就没有办法管理人民，没有人民也就没有办法养活君王。希望你们在田野上实行'九一助法'（见本节孟子经济思想之三），在都城中实行十分抽一的税法。国卿以下的官员必须要有供祭祀用的田土，这供祭祀用的田土为五十亩；其余的人给田土二十五亩。死葬和搬迁都不离开本乡范围，乡里的田也实行井田制，人们出入劳作时相互伴随，抵御盗寇时互相帮助，有疾病时互相照顾，这样百姓就友爱和睦了。方圆一里为一个井田，一个井田为九百亩，中间一块田土为公田，八家各以一百亩为私田，但要共同料理好公田；把公田的事办完了，然后才能做私事，这就是区别散漫农民的办法。这是一个大概情况，至于怎样更健全和完善，就要靠国君和你了。"

　　孟子的经济思想之二是"信行五措"："尊贤使能，俊杰在位，则天下之士皆悦而愿立于其朝矣。市廛而不征，法而不廛，则天下之商皆悦而愿藏于其市矣。关讥而不征，则天下之旅皆悦而愿出于其路矣。耕者助而不税，则天下之农皆悦而愿耕于其野矣。廛无夫里之布，则天下之民皆悦而愿为之氓矣。信能行此五者，则邻国之民仰之若父母矣。率其子弟，攻其父母，自生民以来，未有能济者也。如此，则无敌于天下。无敌于天下者，天吏也。然而不王者，未之有也。"（《孟子·公孙丑章句上·第五节》）

　　这段话翻译成现代汉语是："尊重贤者使用能人，俊杰在位，那么天下的有识之士都会喜悦，就会愿意在这样的朝廷里供职。对集市，货物储藏在栈房中不征税，滞销货物依法收购，那么天下的商人们都会喜悦，愿意来此市场存货。在关卡上，查问而不征税，那么天下的旅客们都会喜悦，从而愿意出入于这样的道路；对从事农业的人，助耕井田制中的公田而不课税，那么天下的农民们都会喜悦，从而愿意从事农业了；对居民不再收'夫里之布'这种额外税，天下人都愿意成为这里的居民。如果能真诚地做到这五点，那么邻国的人民就敬仰你的国君若父母。率领儿女，攻打父母，自有人类以来是没有人会这样做的。就这样，就会无敌于天下。天下无敌的人，是代表上天管理人民的官员，若是还不能王天下，那是没有的事。"

　　孟子的经济思想之三是税收观："君子取一。"夏实行的是贡法，商实行的是助法，周实行的契法。夏朝每户百姓分五十亩田地，商朝是七十田亩，周朝是一百亩，税收都是十分之一。贡法，就是参照几年的收成，取一个固定数，不论年景如何，都按照这个数收税。这是定额税。这样做，遇到灾年百姓必然要靠借贷来凑足税收。助法，农民在井田制中，先耕公田，再耕私田，公田的收入交天子，是一种劳役课征形式。契法，即农民共同耕种公田，再按公田亩数与收成的比例收税，这是实物税。孟子借古代贤者龙子的口说："治地莫善于助，莫不善于贡（管理土地的税制以助法为最好，而贡法最不好）。"他还说："诗云：'雨我公田，遂及我私。'惟助为有公田。由此观之，虽周亦助也。"（《孟子·滕文公章句上·第三节》）

　　这段话翻译成现代汉语是："《诗经》上说：'雨水浇灌我们的公田，同时也滋润到我的私田。'只有有公田，才会有助法，从此诗来看，周朝也是实行助法的。"孟子由此把自己喜欢井田制，喜欢助法的观点表达得很清楚。

　　孟子还说："有布缕之征，粟米之征，力役之征。君子用其一，缓其二。用其二而民有殍，用其三而父子离。"（《孟子·尽心章句下·第二十七节》）

　　这段话翻译成现代汉语是："税赋有对布类征税的，有对粮类征税的，还有征劳役的。君王每年只能用三种中的一种，缓征另两种。如果征到两种，民间就会有饿死的人；三种都征，就会家破了。"

　　孟子还说："易其田畴，薄其税敛，民可使富也。食之以时，用之以礼，财不可胜用也。民非水火不生活，昏暮叩人之门户，求水火，无弗与

者,至足矣。圣人治天下,使有菽粟如水火。菽粟如水火,而民焉有不仁者乎？"(《孟子·尽心章句上·第二十三节》)

这段话翻译成现代汉语是:"改造田地,减少税收,就可以使人民富裕了。食按季节,用按礼节,财物就用不完。人民没有水和火就不能生活,黄昏时去敲别人家的门求借水和火,没有不给的,会给到你足够用。圣人治理天下,使豆类、谷类像水和火一样充足。豆类、谷类植物如水和火一样充足,人民哪里会不仁爱呢？"

孟子的经济思想之四是减关卡。孟子说:"古之为关也,将以御暴。今之为关也,将以为暴(古代设置关卡,是准备抵抗残暴的;如今设置关卡,却是用来推行暴政的)。"(《孟子·尽心章句下·第八节》)

孟子的经济思想之五是君子爱财,更应爱道。孟子说:"周于利者,凶年不能杀;周于德者,邪世不能乱(周密计划于利益的人,灾荒之年不会衰败;周密计划于道的人,邪恶的世道不会使他迷乱)。"(《孟子·尽心章句下·第十节》)

孟子的经济思想之六是致富仁为上。孟子认为为富不仁。这个观点不一定对,但我们且写在这里待历史检验。孟子说:"是故贤君必恭俭礼下,取于民有制。阳虎曰:'为富不仁矣,为仁不富矣。'阳虎,阳货,鲁季氏家臣也。天理人欲,不容并立。虎之言此,恐为仁之害于富也;孟子引之,恐为富之害于仁也。"(《孟子·滕文公章句上·第三节》)

这段话译成现代汉语是:"所以贤明的君主必须谦恭俭朴,礼贤下士,向百姓征收有制度。阳虎说过:'能富贵的人都无仁爱之心,有仁爱之心的人都不会富贵。'阳虎,鲁国实权派季氏的家臣。天理的仁,与人欲的贪富,是不相容难并立的。阳虎讲这话,是怕人们太有仁爱之心而不能敛财。我今天引用一下,是怕贪富而有害于实行仁爱呀。"

五、外交

齐宣王有一天向孟子请教与邻国交往的问题。孟子提出,外交关系无非是两种,或虽为大国,却要侍奉小国,或本身是小国,要侍奉大国。那如何搞好外交关系呢?孟子说:"惟仁者为能以大事小(惟有有仁义的国君才能以大国身份侍奉小国)。""以小事大者,畏天者也(以小国侍奉大国则是畏天命呢)。"这话齐宣王当然听不明白。大国还要侍奉小国? 小国就一定要侍奉大国?

孟子为此举了几个例子。一是大国侍奉小国有两例:一是汤事葛,一是周文王事昆夷。

汤,指商汤,又叫成汤,是商朝的建立者,商部族首领。葛,为葛伯,葛国的国君。葛国是商紧邻的小国,故城在今河南宁陵北十五里处。葛伯忠实于夏桀,将成汤的活动时时报告给夏桀。这时商汤发现葛伯好吃懒做,连祭祀天地鬼神的活动都不愿意按期举行。商汤就派使者去问葛伯为什么长久不祭祀天地鬼神。葛伯深知商汤很富裕,就说我们国小又穷,没有牛羊用于祭祀呢。这时,商汤并没有以葛伯不尊重天地鬼神而讨伐他,而是挑了一群牛羊给葛伯送去。得了牛羊,葛伯仍不祭祀,而把商汤送来的牛羊都杀了吃。商汤知道后,再派使者问,给了贵国牛羊,你为什么仍不祭祀? 葛伯说,我们田里没有粮食,做不出酒饭来做贡品,所以无法做祭祀。商汤听了葛伯的话,仍没有生气,派了自己的国民去帮助葛伯国里的人种地。商汤的百姓去种地,连饭也由商汤国里的老人妇女去送。闻讯,葛伯竟派人把送来的酒饭抢走,有一次还杀死了一个送酒饭的孩子。到了这个程度上,商汤就出兵了。葛伯国里的人民早就恨死葛伯了,商汤兵来,得到葛伯国里人民的拥护,葛国顺利归入了商汤的版图。

周文王,姬姓,名昌,是周太王之孙,季历之子,周朝奠基者。其父死后,继承西伯侯之位。昆夷,也写作"混夷",周朝初年的西戎国名,位于周的西边。周文王任用姜子牙后,以仁德治国,《诗经·大雅·绵》注说:虞芮两国来周国请求调解土地纠纷,在周国看到的是"耕者让其畔,行者让路","男女异路,斑白不提携","士让为大夫,大夫让为卿",是一派君子之风。由此他们内心羞愧,回国之后主动将所争之地做了闲田处理,纠纷从此解决。由此可见,周文王也是以礼待昆夷的。但如何对待,现在可以看到的史书上并没有详细记载,只记载昆夷没有受到感化,最后被周灭掉。

为此,孟子总结说:"以大事小者,乐天者也(以大国身份侍奉小国的,是乐遵天命的人)。"

以小国侍奉大国的,孟子再举两例,一是周太王侍奉獯鬻,一是越王勾践侍奉吴王夫差。

周太王,即古公亶父,本名姬亶,是周文王的祖父。当时周部族还很弱小;獯(xun)鬻(yu),又称猃狁,当时是周北方的少数民族。没有史料记载周太王如何服侍獯鬻,只记载了北方少数民族薰育(鬻)和戎狄进攻周族的事。史有"西戎、北狄"之称,獯鬻当在北狄之中。史载,薰育(鬻)和戎狄一再来攻周族,民众非常愤怒,想要抵抗,但周太王说:"民众拥立君王,是让君王为民众谋利。如今戎狄来攻,是为了我的土地和臣民。臣民归我还是归他,又有什么区别呢?你们要为我而战,要杀死很多人的父子。通过这种办法让我当国君,我不忍心做。"于是亶父带着家人和亲随离开了豳,渡过漆水和沮水,经过梁山,到岐山之下安顿了下来。豳地的人全都扶老携弱,复归古公到岐下。其他国家的人听说古公仁德,也多归附。

勾践是越国国王,战败后既献西施给吴王夫差,自己夫妻则为吴王养马。但他卧薪尝胆,最后复国。

为此,孟子又总结说:"以小事大者,畏天者也(以小国身份侍奉大国,是敬畏天命的安排)。"他还说:"乐天者保天下,畏天者保其国。诗云:'畏天之威,于时保之。'(乐遵天命者得天下,敬畏天命者保其国。《诗经》说:'畏天之威严,保安宁永远。')"(注:笔者认为第一个"保"字应为"得"才是准确的)

孟子在这里讲了外交的一个大道理:以仁德之举来顺应天命,才能处理好国与国的关系,达到国泰民安的目的。

那么武力在外交上起什么作用呢?齐宣王直言不讳地说:"先生的话太高深了,不过我有个毛病,就是好勇(大哉言矣!寡人有疾,寡人好勇）。"看来齐宣王认为，外交是要靠实力说话的。

孟子这时就阐述了勇与外交的关系：不要好小勇，要好就好大勇。他说："王请无好小勇。夫抚剑疾视曰：'彼恶敢当我哉！'此匹夫之勇，敌一人者也。王请大之！诗云：'王赫斯怒，爰整其旅，以遏徂莒，以笃周祜，以对于天下。'此文王之勇也。文王一怒而安天下之民。书曰：'天降下民，作之君，作之师。惟曰其助上帝，宠之四方。有罪无罪，惟我在，天下曷敢有越厥志？'一人衡行于天下，武王耻之。此武王之勇也。而武王亦一怒而安天下之民。今王亦一怒而安天下之民，民惟恐王之不好勇也。"（《孟子·梁惠王章句·第三节》）

这些话翻译成现代汉语是："请大王不要好小勇。有人抚着剑瞪着眼说：'他怎么敢抵挡我呢？'这是匹夫之勇，只能敌一个人的小勇。王一定要有大勇。《诗经》说：'文王赫然大怒，于是整顿军旅，阻遏莒兵，巩固周国福祉，以应对天下各国。'这就是文王的勇啊。文王一怒而安天之下民。《尚书》说：'天生万民，再做出了君王，做出了老师，就是让他们来帮助上帝，宠爱四方人民。有罪无罪，唯我来定，天下何人敢超越上帝的意志？'一人横行天下，周武王是耻于这种行为的。这是周武王的勇。而周武王也是一怒而安天下之民的。今天大王也可以是一怒而安天下民的，民众唯恐大王不好安天下民之勇啊！"看来，孟子认为，外交是要靠实力，但要的是"大勇"这样的实力。

六、小国如何生存

国有大小，小国如何生存？在今山东滕县西南，在春秋战国时有一个小国叫滕国，开国国君是周文王的儿子错叔绣。滕文公有一次问孟子："滕国是一个小国，处在齐国和楚国两个大国之间。是归服齐国好呢，还是归服楚国好呢（滕，小国也，间于齐楚。事齐乎？事楚乎）？"孟子知道小国生存之难，给出的治国之方似乎也很勉强："是谋非吾所能及也。无已，则有一焉：凿斯池也，筑斯城也，与民守之，效死而民弗去，则是可为也。"（《孟子·梁惠王章句下·第十三节》）

这段话翻译成现代汉语是："到底归服哪个国家好我也说不清。如果您实在没有办法了，我倒是有一个办法：把护城河挖深，把城墙筑坚固，与老百姓一起坚守它，让百姓做到了宁死而不弃城，倒也可以有所作为了。"

滕国东南方有一个薛国，一天被齐国所灭，齐兵还开始加固薛国的城墙。为此，滕文公对孟子说："齐国要修筑薛城，我很害怕，对此怎么办才好呢（齐人将筑薛，吾甚恐。如之何则可）？"孟子说："昔者大王居邠，狄人侵之，去之岐山之下居焉。非择而取之，不得已也。苟为善，后世子孙必有王者矣。君子创业垂统，为可继也。若夫成功，则天也。君如彼何哉？强为善而已矣。"这段话里的大王，指周太王，狄，指獯鬻，北方的一个少数民族部落。（《孟子·梁惠王章句下·第十四节》）

这段话翻译成现代汉语是："从前，周太王居住在邠地，北方狄人来侵犯，他便离开，迁到岐山下居住。不是愿意选择那里居住，迫不得已罢了。只要能施行善政，后代子孙中必定会有称王天下的人。君子创业传世，是为了可以不断继承。但能否成功，那就由天决定了。君王对此怎样做呢？只有努力推行善政一着而已。"

又一天，滕文公问："滕国是个小国，竭力去侍奉大国，却不能免除威胁，怎么办才好呢（滕，小国也。竭力以事大国，则不得免焉。如之何则可）？"孟子再举周太王的例子回答说："昔者大王居邠，狄人侵之。事之以皮币，不得免焉；事之以犬马，不得免焉；事之以珠玉，不得免焉。乃属其耆老而告之曰：'狄人之所欲者，吾土地也。吾闻之也：君子不以其所以养人者害人。二三子何患乎无君？我将去之。'去邠，逾梁山，邑于岐山之下居焉。邠人曰：'仁人也，不可失也。'从之者如归市。或曰：'世守也，非身之所能为也。效死勿去。'君请择于斯二者。"（《孟子·梁惠王章句下·第十五节》）

这段话翻译成现代汉语是："从前，周太王居住在邠地，狄人会侵犯那里。他拿皮裘丝绸送给狄人，不能免遭侵犯；拿良犬好马送给狄人，不能免遭侵犯；拿珍珠玉器送给狄人，还是不能免遭侵犯。于是他召集邠地有德望的老人说:'狄人想要的是我的土地。我听说过这样一句话:君子不拿用来养活人的东西害人。诸位何必担心没有君王?我要离开这里了。'于是周太王离开邠地,越过梁山,在岐山下建城邑定居下来。邠地的人说:'周太王是仁人啊,不能失去他啊。'追随他迁居的人,多得像赶集市一般。也有人说:'土地是必须世世代代守护的,不是能自己找来的,拼了命也不能舍弃它。'请您在这两种办法中选择吧。"一是战,一是迁,孟子提出的这两种办法似乎都并不太理想。看来,国小是不太好生存,除行仁政,善待百姓,自强不息外,就只有适时迁徙或依附有德大国的办法了。

　　还有一天,孟子的学生万章问,宋国是小国,要行仁政,但齐国与楚国就不高兴了,要讨伐它,这该怎么办呢?这时,孟子就说了坚持仁政,国就可以由小变大的故事。这个故事孟子是反复讲的,讲过好几遍了:"汤居亳,与葛为邻,葛伯放而不祀。汤使人问之曰:'何为不祀?'曰:'无以供牺牲也。'汤使遗之牛羊。葛伯食之,又不以祀。汤又使人问之曰:'何为不祀?'曰:'无以供粢盛也。'汤使亳众往为之耕,老弱馈食。葛伯率其民,要其有酒食黍稻者夺之,不授者杀之。有童子以黍肉饷,杀而夺之。书曰:'葛伯仇饷。'此之谓也。为其杀是童子而征之,四海之内皆曰:'非富天下也,为匹夫匹妇复雠也。''汤始征,自葛载',十一征而无敌于天下。东面而征,西夷怨;南面而征,北狄怨,曰:'奚为后我?'民之望之,若大旱之望雨也。归市者弗止,芸者不变,诛其君,吊其民,如时雨降。民大悦。书曰:'徯我后,后来其无罚。''有攸不惟臣,东征,绥厥士女,匪厥玄黄,绍我周王见休,惟臣附于大邑周。'其君子实玄黄于匪以迎其君子,其小人箪食壶浆以迎其小人,救民于水火之中,取其残而已矣。《太誓》曰:'我武惟扬,侵于之疆,则取于残,杀伐用张,于汤有光。'不行王政云尔,苟行王政,四海之内皆举首而望之,欲以为君。齐楚虽大,何畏焉?"(《孟子·滕文公章句下·第五节》)

　　这段话翻译成现代汉语是:"商朝开国君王成汤居住在亳地,与葛国相邻,葛伯放纵且不祭祀先祖。汤派人询问他:'为什么不祭祀祖

先？"葛伯说：'没有祭祀用的牲畜。'汤派人送给他们牛羊，葛伯把牛羊
吃了，还是不祭祀。汤又派人询问他：'为什么还不祭祀？'葛伯说：'没
有谷物来做祭品。'汤派亳地的民众去为他们耕田，让老年人和孩童送
饭。葛伯带领着他的民众，让他们抢夺那些带着酒食米饭的亳人，不肯
给的就杀死。有个小孩带着米饭和肉，遭到杀害而被抢走了食物。《尚
书》上说：'葛伯与送饭者为仇。'就是指这件事。成汤因为葛伯杀死了
这个小孩子而去征讨葛国，天下的老百姓都说：'这不是贪图天下的财
富，这是为平民百姓复仇。'成汤的征讨，从葛国开始，先后征伐十一次
而无敌于天下。他向东征讨，西边的夷族人便埋怨；向南征讨，北方的
狄族人也埋怨，都说：'为什么我们排在后面呢？'百姓盼望这样的君
王，就像大旱时盼望雨水一样。赶集的不停止买卖，种田的不停止耕
耘。诛杀暴君，抚慰他们的百姓，像及时雨从天而降，老百姓非常喜欢。
《尚书》上说：'等到君王来到我们这里后，我们就不会受罚了。''有攸
国助纣为虐不臣服，周王向东征讨，安抚那里的士民妇女，他们用筐装
着黑色和黄色的丝帛，以侍奉我们周王为荣，最后臣服于周邑。'那儿
的君子用筐装着的丝绸来迎接周的君子，那儿的百姓用筐装着饭食，
用壶盛着饮水来迎接周的士兵。把百姓从水深火热中拯救出来，就是
要去掉残暴的君主。《太誓》上说：'我们的武力要发扬，攻入他们的国
土，除掉那残暴的君主，用杀伐来彰明正义，比成汤的功业更辉煌。'只
怕宋君不推行王政，如果真能推行王政（仁政），普天之下的民众都会
抬头盼望，要拥护这样的人来做君主；齐国、楚国虽然强大，又有什么
可怕的呢？"

　　孟子讲述的成汤与周王两个故事的意思归纳到一点就是：行仁
政，百姓就向往，你师出有名，讨伐暴君，百姓就会箪食壶浆来迎接王
师。行仁政，百姓就会心服，国就会由小而变大，变强。

七、攻伐

　　国与国难免有战争。那么一个国家是不是可以攻伐他国呢？是不

是可以占领别国领土呢？是不是一讲攻伐与占领他国就是侵略呢？孟子给出的答案是否定的。

孟子认为，正义之国是可以攻伐不仁之国的，要点就是看民心所向。

孟子说："尽信书，则不如无书。吾于武成，取二三策而已矣。仁人无敌于天下。以至仁伐至不仁，而何其血之流杵也？"（《孟子·尽心章句下·第三节》）

这段话翻译成现代汉语是："一味地相信书，还不如没有读过书。我对于《武成》这篇文章，只不过取其中两三个道理罢了。仁者无敌于天下，以最仁爱去征伐最不仁爱的，怎么会血流成河把舂米的木棒都漂起来呢？"

齐宣王五年，也就是公元前315年，燕王哙感觉自己太老了，力不从心，想学远古贤王尧、舜实行禅让。燕国的宰相子之在燕国改革政治，行事果断，受到哙的信任。他不顾自己有太子，将王位禅让给了子之，自己则称臣，并告老不再理政事。具体做法则是让三百石以上俸禄的地方官将印信缴回，由新王子之重新颁发。但哙崇古的做法并得不到臣民们的理解。第二年，燕国将军市被和太子平结党聚众，谋划攻击子之。市被领兵包围子之的公宫，但百姓起而反攻太子平，杀死将军市被。由此燕国大乱，长达数月之久，百姓陷入困苦之中。这时，齐国乘燕内乱之际攻燕。据《战国策·燕策》记载，当齐国的军队攻打燕国时，燕国"士卒不战，城门不闭"，因此齐国军队五十天就攻进了燕国的首都，杀死了燕王哙和子之。

一个国家是否可兼并另一个国家呢？孟子认为这要也要看民心所向。在取得了这次大捷后，齐宣王问了孟子一个问题："或谓寡人勿取，或谓寡人取之。以万乘之国伐万乘之国，五旬而举之，人力不至于此。不取，必有天殃。取之，何如？"

这话翻译成现代汉语是："有人劝我不要占领燕国，有人则劝我占领它。我觉得，以一个拥有万辆兵车的大国去攻打一个同样拥有万辆兵车的大国，只用五十天就打下来了，光凭人力是做不到的呀。如果我们不吞并它，一定会遭到天谴吧。吞并它，那又要怎样做？"

对此，孟子做了一个堂堂正正的回答："取之而燕民悦，则取之。古之人有行之者，武王是也。取之而燕民不悦，则勿取。古之人有行之者，文王是也。以万乘之国伐万乘之国，箪食壶浆，以迎王师。岂有他哉？避水火也。如水益深，如火益热，亦运而已矣。"（《孟子·梁惠王章句下·第十节》）

这段翻译成现代汉语是："如果吞并它，燕国的百姓高兴，那就吞并它。古人有这样做的，周武王便是。如果占领它，燕国的百姓不高兴，那就不要吞并它。古人也有这样做的，周文王便是。齐国这样一个拥有万辆兵车的大国去攻打燕国这样一个同样拥有万辆兵车的大国，燕国的老百姓却用饭筐装着饭、用酒壶盛着酒水来欢迎大王您的军队，难道有别的什么原因吗？就是想摆脱他们水深火热的日子罢了。如果您的到来他们水更深，火更热，那他们也就会转而离去的。"

有攻伐，就有被攻伐。那如何应对呢？孟子说仍要看民心所向。齐宣王在占领了燕国后，各诸侯国共同谋划来救燕国。这时，齐宣王又问孟子怎么办（诸侯多谋伐寡人者，何以待之）。

孟子的回答依然是堂堂正正的："臣闻七十里为政于天下者，汤是也。未闻以千里畏人者也。书曰：'汤一征，自葛始。'天下信之。'东面而征，西夷怨；南面而征，北狄怨。曰，奚为后我？'民望之，若大旱之望云霓也。归市者不止，耕者不变。诛其君而吊其民，若时雨降，民大悦。书曰：'徯我后，后来其苏。'

"今燕虐其民，王往而征之。民以为将拯己于水火之中也，箪食壶浆，以迎王师。若杀其父兄，系累其子弟，毁其宗庙，迁其重器，如之何其可也？天下固畏齐之强也。今又倍地而不行仁政，是动天下之兵也。王速出令，反其旄倪，止其重器，谋于燕众，置君而后去之，则犹可及止也。"（见《孟子·梁惠王章句下·第一一节》）

孟子在这里又老生常谈了。这段话翻译成现代汉语是："我听说过，有人凭借方圆七十里的国土就统一了天下，这就是商汤。却没有听说过拥有方圆千里的国土而害怕别国的。《尚书》说：'商汤征伐，从葛国开始。'天下人都信任他。所以，当他向东方进军时，西边部落的人民便抱怨；当他向南方进军时，北边部落的人民也抱怨。都说：'为什么把我们放到被征讨的后面呢？'人民盼望他，就像久旱盼乌云和虹霓一样，赶集的不停止买卖，种田的不停止耕耘。诛杀暴君而抚慰百姓。这就像天上下了及时雨，老百姓喜悦无比。《尚书》说：'等待我们的王，王来复苏！'

"如今，燕国的国君虐待百姓，大王去征伐他，燕国的百姓以为您会拯救他们于水深火热之中，所以用饭筐装着饭、用壶盛着酒水来欢迎您的军队。可您却杀死他们的父兄，捆走他们的子弟，毁坏他们的宗庙，抢走他们的祭器，这样做怎么可以呢？天下各国本来就害怕齐国强大，现在齐国的土地又扩大了一倍，而且还不施行仁政，因此天下各国就会兴兵了。大王应赶快发布命令，释放燕国老老小小的俘虏，停止搬运燕国的祭器，再和燕国的各界人士商议，为他们选立国君，然后从燕国撤军。这样做还可以来得及制止各国兴兵。"

此外，孟子还认为，攻伐是要有依据或说授权的，他是反对以暴制暴的。有一天，齐国的大臣沈同说，我以私人的身份问您一个问题："燕国可伐吗？"（沈同以其私问曰："燕可伐与？"）当时燕国正处于本节所说的燕王哙禅让王位给了宰相子之而引起内乱，孟子说："可以。子哙（无周天子的王命）是不可以把燕国给他人的。子之也不可以从子哙手上取得燕国。有一个士在这里，你很喜欢他，（你）不向君王禀报就将你自己的官位俸禄给这个士；而士呢，也没有得到君王任命就从你手中私下接受了官位与俸禄。作为一个士，没有王命而私受官于你，这样行吗？子哙私授燕国给子之与此种做法有什么不同（可。子哙不得与人燕，子之不得受燕于子哙。有士于此，而子悦之，不告于王而私与之吾子之禄爵；夫士也，亦无王命而私受之于子，则可乎？何以异于是？）"孟子认为燕王哙将燕国禅让给宰相子之是没有经过周天子同意的，这就是私相授受，是没有授权与依据在办事，所以可伐。

如上所述，齐国出兵燕国。事后有人问孟子，听说是你劝说齐国攻伐燕国的，有这事吗（劝齐伐燕，有诸）？孟子这下却认真回答说："未也。沈同问'燕可伐与'，吾应之曰'可'，彼然而伐之也。彼如曰'孰可以伐之'？则将应之曰：'为天吏，则可以伐之。'今有杀人者，或问之曰'人可杀与'？则将应之曰'可'。彼如曰'孰可以杀之'？则将应之曰：'为士师，则可以杀之。'今以燕伐燕，何为劝之哉？"（《孟子·公孙丑章句下·第八节》）

这段话翻译成现代汉语是："没有！沈同私下问我：'燕国可以攻伐吗？'我回答说：'可以。'他们之后就去攻伐它了。如果他这样问：'谁可以攻伐燕国？'我就会回答说：'只有代表上天管理人民的官员，才可以攻伐燕国。'比如现在有个杀人者，有人问：'此人可以杀吗？'我将回答说：'可以。'如果他问：'谁可以杀他呢？'我将回答说：'只有法官才有权杀他。'今伐燕国是以残暴攻伐残暴，我怎么会劝说齐国伐燕呢？"

对于停止战争应当如何做，孟子也有说法。宋国有一个名人叫宋牼，与尹文同为宋尹学派的代表人物。他们主张宽恕和均平。这天，孟子在石径这个地方遇到宋牼。他问宋牼去干什么。宋牼说："我听说秦、楚两国要交兵，我准备去见楚王劝说他罢兵休战；如果楚王不高兴听我的话，我就准备再去见秦王劝说他罢兵休战。这两个君王中总会遇见与我意见相合的（吾闻秦楚构兵，我将见楚王说而罢之。楚王不悦，我将见秦王说而罢之，二王我将有所遇焉）。"

孟子说："我不想问你详细的情况，我只想请问你的宗旨，看看你用这种宗旨劝说后会怎么样（轲也请无问其详，愿闻其指。说之将何如）？"

宋牼说："我将以战争的不利来说服他们（我将言其不利也）。"

这时孟子肯定了他的志向，然后后说："先生之志则大矣，先生之号则不可。先生以利说秦楚之王，秦楚之王悦于利，以罢三军之师，是三军之士乐罢而悦于利也。为人臣者怀利以事其君，为人子者怀利以事其父,为人弟者怀利以事其兄。是君臣、父子、兄弟终去仁义,怀利以相接,然而不亡者,未之有也。先生以仁义说秦楚之王,秦楚之王悦于仁义,而罢三军之师,是三军之士乐罢而悦于仁义也。为人臣者怀仁义以事其君,为人子者怀仁义以事其父,为人弟者怀仁义以事其兄,是君臣、父子、兄弟去利,怀仁义以相接也。然而不王者,未之有也。何必曰利?"(《孟子·告子章句下·第四节》)

这段话翻译成现代汉语是:"先生志向很大呀,但先生这样去号召(停战)则不可以。先生以利害关系劝说秦楚两王,秦楚两王听说有利就高兴,从而停止三军行动,这是让三军官兵因有利可图而愿意罢兵。为臣者心怀得到利益以侍奉国君,为人儿女心怀得到利益以侍奉父母,作为弟弟心怀得到利益以侍奉兄长,是让君臣、父子、兄弟之间最终会舍弃仁义,心怀利益目的交往,这样的交往最后不失败,是没有的事。先生如果以仁义劝说秦楚两王,秦楚两王因喜仁义而罢兵,是三军官兵因追求仁义而乐于停战。为臣者心怀仁义以侍奉国君,为儿女者心怀仁义以侍奉父母,为弟弟者心怀仁义侍奉兄长,就会使君臣、父子、兄弟之间抛弃利害关系,心怀仁义相交往。如此还不王天下,是没有的事。何必讲利害呢?"

当然,战争不是一个解决问题的最好办法。不符合仁义的战争,孟子是反对的。有一次,鲁国国君要用善于用兵的大臣慎滑厘带兵去拓展疆土,这时孟子说:"不教育人民就使用他们,这叫殃民。殃民的人,在尧舜时代是不允许存在的。慎子一仗下来必能打败齐国,占领齐国的南阳,然而这种胜利却不可以要(不教民而用之,谓之殃民。殃民者,不容于尧舜之世。一战胜齐,遂有南阳,然且不可)。"听了他的话,慎子大怒说:"这话我慎滑厘就听不懂了(此则滑厘所不识也)!"这时,孟子义正词严地说:"吾明告子。天子之地方千里;不千里,不足以待诸侯。诸侯之地方百里;不百里,不足以守宗庙之典籍。周公之封于鲁,为方百里也;地非不足,而俭于百里。太公之封于齐也,亦为方百里也;地非不足也,而俭于百里。今鲁方百里者五,子以为有王者作,则鲁在所损乎?在所益乎?徒取诸彼以与此,然且仁者不为,况于杀人以求之乎?君子之事君也,务引其君以当道,志于仁而已。"(《孟子·告子章句下·第八节》)

这段话翻译成现代汉语是:"我明明白白告诉你吧。天子的土地要有千里;不够一千里,就不够接待诸侯。诸侯的土地要有百里,不够一百里,就不足以奉守祖先的礼制。当年周公被封在鲁地,方圆百里;当时土地不是不够,而是封地只能是百里。太公被封在齐地,也是方圆百里。不是天下的土地不够,而是封地只能是百里。如今鲁国已经有五个方圆百里了,你以为(鲁国)有王者要兴起,鲁国就会在意封地有所减损?还是在意封土多增加一些?没理由地把彼国的土地拿给此国,仁者都不愿如此,何况通过杀人的战争去取得到呢?君子侍奉君主,就是要努力把君主引向正道,立志于仁才是。"

在讲了这段话后,在《孟子·告子章句·第九节》中,孟子再说:"今之事君者曰:'我能为君辟土地,充府库。'今之所谓良臣,古之所谓民贼也。君不乡道,不志于仁,而求富之,是富桀也。'我能为君约与国,战必克。'今之所谓良臣,古之所谓民贼也。君不乡道,不志于仁,而求为之强战,是辅桀也。由今之道,无变今之俗,虽与之天下,不能一朝居也。"

这段话翻译成现代汉语是:"如今侍奉君主的人都会说:'我能替君主开拓疆土,充实府库。'如今所谓的良臣,在古时候就叫民贼。君子不向往道,不立志于仁政,而是求富贵,就等于是让夏的暴君桀富有。又说:'我能替君主约盟其他国家,打仗必定取胜。'如今所谓的这些良臣,在古时候就叫民贼。君子不向往道,不立志于仁政,而是求取国强能战,就是辅助君主去当夏桀王。按照现今的路径,而不改变当今(上述)恶风劣俗,就是把整个天下给他,他连一朝天子都当不完。"

在《尽心章句下·第四节》中,孟子也说过:"有人曰:'我善为陈,我善为战。'大罪也。国君好仁,天下无敌焉。南面而征北狄怨,东面而征西夷怨。曰:'奚为后我?'武王之伐殷也,革车三百两,虎贲三千人。王曰：'无畏！宁尔也，非敌百姓也。'若崩厥角稽首。征之为言正也，各欲正己也，焉用战？"

这段话翻译成现代汉语是："有人说：'我善于布阵，我善于作战。'这都是大犯罪。一个国家的国君好仁爱，天下就无敌了。向南征而北边的狄族埋怨他，向东征而西边的夷族埋怨他，人民都说：'为什么把我们排在后面呢？'周武王征伐殷商，只出动兵车三百辆，勇士三千人。周武王说：'不用害怕，我是来安定你们的，不是与老百姓为敌的。'百姓像山倒塌一样叩头行礼。'征'字的本意就是正，各国君都想着匡正自己的国家，何必用战争呢？"

八、收礼与受贿

什么礼可以收，收什么礼就是受贿，孟子在一件事上的表现可给我们一点启示。

有一天，孟子的学生陈臻说，以前在齐国时，齐王送给您好金一百镒，您不接受；到宋国时，宋王送给您七十镒，您却接受了；在薛地，薛君送给您五十镒，您也接受了。如果以前的不接受是正确的，那后来的接受便是错误的；如果后来的接受是正确的，那以前的不接受便是错误的。老师您总有一次做错了吧（前日于齐，王馈兼金一百而不受；于宋，馈七十镒而受；于薛，馈五十镒而受。前日之不受是，则今日之受非也；今日之受是，则前日之不受非也。夫子必居一于此矣）。"

孟子听了这个是非分明的学生的话，说了一段话："皆是也。皆适于义也。当在宋也，予将有远行。行者必以赆，辞曰：'馈赆。'予何为不受？当在薛也，予有戒心。辞曰：'闻戒。'故为兵馈之，予何为不受？若于齐，则未有处也。无处而馈之，是货之也。焉有君子而可以货取乎？"（《孟子·公孙丑章句下·第三节》）兼金，即价值双倍于一般金子的好金；镒，古代计量单位，一镒为二十两。

孟子这段话翻译成现代汉语是："我做的都对，因为都符合义的规范。在宋，我将远行，行者（于礼）应当送给他些盘缠。当宋王（奉金时）

说：'送上一些盘缠。'我为何不收呢？在薛地的时候，我对路途上的危险需早作戒备。薛君说：'听说您需要加强防备，所以送上一点买兵器的钱。'我为何不收呢？至于在齐国，则没有任何理由。没有理由却送给我钱，这是用钱来收买我。哪里有君子可以用钱收买的呢？"可见孟子收别人钱的标准是符合道义，符合礼仪的规定，决不收收买人心的钱，不收无来由的钱。

收礼往往与交际有关。交际中最重要的是君与贤士的交往，而君又有好坏之分。这时君给的礼收不收呢？有一天，曾子的学生万章就向孟子提出了这么一个挺刁钻的问题。万章开始有些迂回地问："冒昧地请问：与人交际要用哪种态度（敢问交际何心也）？"孟子回答很干脆："恭敬之心（恭也）。"万章再设"陷阱"地问："说一次又一次地拒绝就是不恭敬，这是为什么（却之却之为不恭，何哉）？"孟子说："尊者赐你东西，你心里却在想：他得到的这东西的办法是符合义还是不符合义，然后再接受，这是不恭敬的，不能不恭敬，所以不能推辞（尊者赐之，曰'其所取之者，义乎，不义乎'，而后受之，以是为不恭，故弗却也）。"

这时，万章转入"应当拒绝不义之赠"主题："从请求上没理由推辞，心却知道应当辞去，知道他这东西是从民众那里不义地取来的，找个借口推辞不要，不行吗（请无以辞却之，以心却之，曰'其取诸民之不义也'，而以他辞无受，不可乎）？"孟子说："他跟你交往是以道的，你受赠也是按礼的，这样馈赠当年孔子是接受的（其交也以道，其接也以礼，斯孔子受之矣）。"

这时，万章再将孟子一军："假如现在国境外有个以武力抢劫抵抗我国的人，他与我交往有道，馈赠遵守仪，这样的馈赠可以接受吗（今有御人于国门之外者，其交也以道，其馈也以礼，斯可受御与）？"这当然不行，孟子说："不可。康诰曰：'杀越人于货，闵不畏死，凡民罔不譈。'是不待教而诛者也。殷受夏，周受殷，所不辞也。于今为烈，如之何其受之？"

这句话译成现代汉语的意思是："不可以接受。尚书中《康诰》篇上说:'杀人而掠夺财物,强悍不怕死,对此人民没有不憎恶的。'这种人不用教育就可以诛杀。殷从夏接受这条法规,周又从殷接受这条规,都没有更改。杀人越货现在愈演愈烈,如何能接受这种人馈赠呢?"

看到孟子终于进入自己的思路里来了,万章说:"如今的诸侯们取之于民,就如同抢劫。只是他们善于按礼仪来交际。他们的馈赠君子也接受,请问这有什么说法呢(今之诸侯取之于民也,犹御也。苟善其礼际矣,斯君子受之,敢问何说也)?"孟子这下入了万章的套,他想急急地脱身出来。他辩解说:"子以为有王者作,将比今之诸侯而诛之乎?其教之不改而后诛之乎?夫谓非其有而取之者盗也,充类至义之尽也。孔子之仕于鲁也,鲁人猎较,孔子亦猎较。猎较犹可,而况受其赐乎?"

这段话翻译成现代汉语是:"你认为如有一圣王兴起,就会对现在的诸侯们加以诛杀吗?还是经教育后仍不悔改再去诛杀?所谓强夺不属于自己的东西叫强盗,这是讲到最极端时才对的说法。孔子在鲁国当官的时候,鲁国人玩争夺猎物的游戏,孔子也参加玩这种游戏。争夺猎物尚且可以,何况于接受他们的赏赐?"看看,孟子通过对强盗定义的界定,把诸侯剥夺百姓排斥在了一般强盗的定义之外,由此说明受他们的馈赠并不错。

万章当然不甘心:"那么孔子之所以去当官,不是为了推行他的'道'吗(然则孔子之仕也,非事道与)?"孟子说,那当然是为了推行他的道(事道也)。万章再说:"推行'道',他还去争夺猎物啊(事道奚猎较也)?"孟子说:"当时孔子在做用文书籍册规正祭祀器物的工作,不让四方献来的贡品改变文书籍册的规定(言下之意是孔子当官正处衰世,不可以一下纠正,要从查考典籍这些小事来推广'道',原话是:孔子先簿正祭器,不以四方之食供簿正)。"万章说:"他为什么不辞职(奚不去也)?"孟子说:"为之兆也。兆足以行矣,而不行,而后去,是以未尝有所终三年淹也。孔子有见行可之仕,有际可之仕,有公养之仕也。于季桓子,见行可之仕也;于卫灵公,际可之仕也;于卫孝公,公养之仕也。"(《孟子·万章章句下·第四节》)

这段话译成现代汉语是："他要做个好的开端，开端到足以可行，但国君又不作为，这时他才会离去，所以他没有在一个地方淹留过三年。孔子有时见到道可行就出来当官，有时遇到机遇时出来当官，有时因国君养贤而当官。对季桓子，是见到道可行才当官；对卫灵公，是认为有了机遇才当官；对卫孝公，是因为国君养贤才当官。"转了一大圈，孟子最后的意见是明确的，一般的礼还是要收的，而且态度要恭敬，但直接抢来的东西才是不可以收的。

九、地方官的职责

地方官的最高职责是什么？

一是安抚好百姓。这是评价地方官尽没尽职的标准。

孟子有一天到了齐国的平陆县，与县官孔距心有过一段谈话。孟子对孔距心说："你执着戟的卫士，一天中有三次失误，你会不会开除他（子之持戟之士，一日而三失伍，则去之否乎）？"孔距心说："不用三次我就开除他了（不待三）。"孟子马上转入正题："你的失误则更多呢。灾年荒岁，你的百姓，老者病者辗转死于沟壑，年轻力壮的散走四方，有好几千人啊（然则子之失伍也亦多矣。凶年饥岁，子之民，老羸转于沟壑，壮者散而之四方者，几千人矣）。"对此，孔距心不以为然："这不是我孔距心所能处理好的事啊（此非距心之所得为也）。"孟子再开导他："今有受人之牛羊而为之牧之者，则必为之求牧与刍矣。求牧与刍而不得，则反诸其人乎？抑亦立而视其死与？"

这段话很文学，但讲得很严肃，翻译成现代汉语是："现在有个人接受了替别人放牧牛羊的事，那一定要设法找到牧场和草料。找不到牧场和草料，那么是把牛羊还给主人呢？还是站在一旁眼看着牛羊饿死呢？"听了孟子这话，孔距心知道了地方官的职责，马上说："这正是我孔距心的罪过呀（此则距心之罪也）。"

之后，孟子见到齐王时说，你手下的地方官，我见过五个了。知其罪过的，唯有孔距心。听了孟子与孔距心的对话，齐王马上也说："实质

上是我的罪过呀（此则寡人之罪也）。"（《孟子·公孙丑章句下·第四节》）

二是团结好世族。孟子说："为政不难，不得罪于巨室。巨室之所慕，一国慕之；一国之所慕，天下慕之；故沛然德教溢乎四海。"（《孟子·离娄章句上·第六节》）

这句话翻译成现代汉语是："治理政事并不难，只要不得罪世族就可以了。世族所仰慕的，一个国家的人都仰慕；一个国家的人所仰慕的，普天之下的人都仰慕；德化教育就是如此像大雨一样播散四海。"

三是不要枉法。孟子说："无罪而杀士，则大夫可以去；无罪而戮民，则士可以徙（无辜而杀士，大夫就会走掉；无罪而屠杀百姓，士就会到他国去）。"（《孟子·离娄章句下·第四节》）

四是做事不要过分。孟子说："仲尼不为已甚者（孔子不做过分的事）。"（《孟子·《孟子·离娄章句下·第十节》）

第十章　养浩然之气

　　建功立业，建立仁政，都要靠有品行的人来成就。孟子与孔子一样，注重人的修养。孔子讲究的是见贤思齐，每日三省吾身（见本人另一拙文《天将以夫子为木铎——〈论语〉通读笔记》），孟子则讲的是养我浩然之气。

　　养气，是修身养性、修养品德的具体行为，修身养性的目的则是知天道，与自然相和谐。孟子说："尽其心者，知其性也。知其性，则知天矣。存其心，养其性，所以事天也。殀寿不贰，修身以俟之，所以立命也。"（《孟子·尽心章句上·第一节》）

　　这段话翻译成现代汉语是："人如果能尽心（修养），就会知道本性。知道了本性，就会知道天道。保存自己的初心，修养自己的本性，就可以顺行天道。短命或长寿没有第两条路，修养自身以等待，这也就是立命。"修身就是为自己立命，事关自己这辈子过得好坏、长短,这就是孟子对修身目的的通俗表述。

进而孟子阐述了他的命运观:"莫非命也,顺受其正。是故知命者,不立乎岩墙之下。尽其道而死者,正命也。桎梏死者,非正命也。"(《孟子·尽心章句上·第二节》)

这段话翻译成现代汉语是:"一切事情无不体现出你的命运,顺应命运则为正途。因此,知道命运的人,不站在岩石和危墙之下。践行了天道(自然规律)而死的人,就是正命;被关押而死的人,就不是正命。"看来孟子不认为命是天意,命是人可掌握的规律。

孟子对他认可的可以修得的品德先做了一一列举。这天,公孙丑与老师孟子谈起孟子如果当上大官会不会动心时,孟子说他四十岁后就不动心了。这时,公孙丑很佩服地说,做到不动心要得到什么道吗(不动心有道乎)? 这时,孟子开始历数几个得道的有品之人。他说:"有。北宫黝之养勇也,不肤挠,不目逃,思以一豪挫于人,若挞之于市朝。不受于褐宽博,亦不受于万乘之君。视刺万乘之君,若刺褐夫。无严诸侯。恶声至,必反之。孟施舍之所养勇也,曰:'视不胜犹胜也。量敌而后进,虑胜而后会,是畏三军者也。舍岂能为必胜哉? 能无惧而已矣。'孟施舍似曾子,北宫黝似子夏。夫二子之勇,未知其孰贤,然而孟施舍守约也。昔者曾子谓子襄曰:'子好勇乎?吾尝闻大勇于夫子矣:自反而不缩,虽褐宽博,吾不惴焉;自反而缩,虽千万人,吾往矣。'孟施舍之守气,又不如曾子之守约也。"

这段话译成现代汉语是:"有,北宫黝(齐国人,刺客)培养勇气的方法是,肌肤被刺破而不挡,看见可怕的东西不逃避,有一根毫毛被别人伤害,犹如在大庭广众下遭到鞭打。他不受制于贫贱的人,也不受制于大国的君主;把刺杀大国君主看作如同刺杀普通平民一样。他不尊敬诸侯,受到辱骂必然回骂。孟施舍(卫国勇士)培养勇气的方法又不同,他说:'把失败看成胜利。如果估量敌人强弱而后前进,思虑胜败而后交锋,就是害怕敌方三军。我怎能因为必胜才战斗?我只需无所畏惧就行了。'孟施舍像曾子(孔门弟子),北宫黝像子夏(孔门弟子)。这两个人的勇气，不知道谁更好些，然而孟施舍却能遵守约定。从前曾子告诉子襄（孔子第九代孙孔鲋的弟弟）说：'你崇尚勇敢吗？我曾经听孔子说过大勇：反躬自问没有道理，虽然是平民，我也不能让他恐惧。反躬自问我有道理，虽然有千军万马，我也前往。'孟施舍保持无所畏惧的态度，又不如曾子之遵守约定了。"

公孙丑还问到孟子对伯夷与伊尹的看法。伯夷，商纣王末期的贵族，情操高尚的知识分子；伊尹，商朝初年著名丞相。孟子评价说："不同道。非其君不事，非其民不使；治则进，乱则退，伯夷也。何事非君，何使非民；治亦进，乱亦进，伊尹也。可以仕则仕，可以止则止，可以久则久，可以速则速，孔子也。皆古圣人也，吾未能有行焉；乃所愿，则学孔子也。"

这段话翻译成现代汉语是："他们不是同一条道路上的人，不是他的君主不侍奉，不是他的人民不使用，国家能治理他就进位，国家混乱他就退避，这就是伯夷。任何君主都侍奉，任何人民都使唤，国家能治理则进位，国家混乱亦进位，这就是伊尹。可以出仕就出仕，可以退避就退避，能长久干就长久干，能迅速果断就迅速果断，这就是孔子。他们都是古代的圣人，我没有能做到他们那样；至于我所愿望的，则是向孔子学习。"

孟子也对孔门弟子做了评价，并借他们的口对孔子作了评价："宰我、子贡、有若智足以知圣人。汙，不至阿其所好。宰我曰：'以予观于夫子，贤于尧舜远矣。'子贡曰：'见其礼而知其政，闻其乐而知其德。由百世之后，等百世之王，莫之能违也。自生民以来，未有夫子也。'有若曰：'岂惟民哉？麒麟之于走兽，凤凰之于飞鸟，太山之于丘垤，河海之于行潦，类也。圣人之于民，亦类也。出于其类，拔乎其萃，自生民以来，未有盛于孔子也。'"

这段话翻译成现代汉语是："宰我、子贡、有若，他们的智谋足以了解圣人，再卑劣也不至于阿谀奉承。宰我说：'依我来观察孔夫子，其贤能超过尧、舜远多了。'子贡说：'见其（指孔子）礼仪就知道其政务如何，听到其音乐就知道他的品德。百世之后，出来个百世未遇的君王，也没有一个人能违背孔夫子的观点。自有人类以来，没有孔子这样的人。'有若说：'难道只有民众有高下之分吗？麒麟比于走兽，凤凰比于飞鸟，泰山比于土堆，河海比于水塘，都是同类。圣人比于民众，也是同类。高出同类，超越群体，自有人类以来，没有谁比孔子更负有盛名的了。'"

推出了榜样，**孟子顺势提出了志与气的关系问题**。志，人的意志；气，可以说是气场，或说是精神力量。因为孟子说过告子（战国时哲学家）比他还要先不动心于官位，公孙丑就让孟子谈谈自己的不动心与告子的不动心。孟子说："告子曰：'不得于言，勿求于心；不得于心，勿求于气。'不得于心，勿求于气，可；不得于言，勿求于心，不可。夫志，气之帅也；气，体之充也。夫志至焉，气次焉。故曰：'持其志，无暴其气。'"

这句话翻译成现代汉语是："告子说：'没听到对方的话语，就不要想得到对方的心；不得到对方的心，就不要想得到对方的气。'没听到对方的话语，就不要想得到对方的气，是可以的；没听到对方的话语，就不要想得到对方的心，就不可以了。人的意志，乃是人的气的主帅，人的气，是充满人体内的巨大的精神力量。意志到来，气就退到次一等的地位上了。所以说：'保持自己的意志，不要暴胀了自己的气。'"在这里，孟子把意志与气的关系先讲了一下。

公孙丑很是好学，说："您一会儿说意志来了气退到第二位了，一会儿又说保持意志，不要暴胀了自己的气，这是什么意思呀（既曰'志至焉，气次焉'，又曰'持其志无暴其气'者，何也）？"

这时，**孟子对志与气做了一个解释，成就了有名的"意气说"**："志壹则动气，气壹则动志也。今夫蹶者趋者，是气也，而反动其心。"

这段话翻译成现代汉语是："意志专一则会引起气动，气专一了又会动摇意志。现在看那些倒行逆施、趋炎附势的人，正是气反动他们心志的结果。"

"那么先生擅长什么呢（敢问夫子恶乎长）？"公孙丑再问。这时，孟子推出了他的名言："我知言，我善养吾浩然之气（我懂语言因而有意志，也因此善于养起我的浩然之气）。"

讲到这里，孟子讲的东西还是深奥的哲言。公孙丑马上问："什么叫浩然之气（敢问何谓浩然之气）？"

孟子解释说："难言也。其为气也，至大至刚，以直养而无害，则塞于天地之间。其为气也，配义与道；无是，馁也。是集义所生者，非义袭而取之也。行有不慊于心，则馁矣。我故曰，告子未尝知义，以其外之也。必有事焉而勿正，心勿忘，勿助长也。无若宋人然：宋人有闵其苗之不长而揠之者，芒芒然归。谓其人曰：'今日病矣，予助苗长矣。'其子趋而往视之，苗则槁矣。天下之不助苗长者寡矣。以为无益而舍之者，不耘苗者也；助之长者，揠苗者也。非徒无益，而又害之。"

这段更玄乎的话，翻译成现代汉语是："这很难说透。这种气，最大、最刚，用正直去培养它而不损害它，就会充满于天地之间。这种气之所以能成为气，须配上义与道；如果不是这样，就会泄去。它是集合所有的义而在心中生起的，不是靠一次义行就能攫取的。行为中有不满足于良心的，气就泄。所以我说，告子不一定知道义，因为他把义看作是外在的东西。气是必会有的，先不要去纠正它，只是心里不要忘记它，不要去助长它。千万不要像宋国人那样，宋国有个人担心他的禾苗长不快而把禾苗拔高，累了一天回家，告诉家里人说：'今天我太担忧，所以帮助禾苗长高了。'他的儿子赶快去地里一看，禾苗都枯萎了。天下不拔苗助长的人太少了。以为气没有什么益处而放弃的人，就是不锄草松土的懒汉；帮助禾苗快速成长的人，就是拔苗助长的人。他们这样做，不但没有什么好处，反而会伤害气的发展。"孟子这里在讲气是如何养成的——气是靠仗义尊道而聚成的。

那么老师不是说知道语言的作用么，公孙丑马上再问："什么叫知道语言的作用（何谓知言）？"

语言可是关乎形成意志的大事哟，孟子马上再耐心回答："诐辞知其所蔽，淫辞知其所陷，邪辞知其所离，遁辞知其所穷。生于其心，害于

其政；发于其政，害于其事。圣人复起，必从吾言矣。"(《孟子·公孙丑章句上·第二节》)

这段话翻译成现代汉语是："听了偏颇的言辞就知道其有所隐蔽，听了放荡的言辞就知其有所沉溺，听了邪恶的言辞就知其有所偏离，听了搪塞的言辞就知其有所困穷。(上述)语言从心里生成，从政者就会危害政务；用政令发出，就会危害事业。如果再有圣人出现，他也会同意我这个见解的。"

公孙丑这番好学上进，终于问清了何为气，志与气的关系及如何养气。

最后，**孟子还为修养设定了等级，讲了修养与做官的关系**。他说："有天爵者，有人爵者。仁义忠信，乐善不倦，此天爵也；公卿大夫，此人爵也。古之人修其天爵，而人爵从之。今之人修其天爵，以要人爵；既得人爵，而弃其天爵，则惑之甚者也，终亦必亡而已矣。"(《孟子·告子章句上·第十六节》)

这段话翻译成现代汉语是："有天的爵位等级，有人间的爵位等级。仁、义、忠、诚，爱行善且不停歇，这五层是天的修养爵位等级。公、卿、大夫等爵、职位，这是人间的爵位等级。古代的人着重修养天的爵位等级，人间的爵位等级会随之而来。如今的人修养天的爵位等级，目的是为了获得人间的爵位等级。一旦取得了人间的爵位等级，就抛弃了天的爵位等级。这真是糊涂透顶了，最终的结果必然是把一切都葬送掉。"

第十一章　养生

　　中国古人，从阴阳之说出发，认为在人体中："气为血之帅，血为气之母，气乃生命之源，血乃生命之根（《黄帝内经》）。"因此，谈到养气，既会讲到形而上的气，也必然会讲形而下的气的实体——身体，必会讲到养生。孟子说："拱把之桐梓，人苟欲生之，皆知所以养之者。至于身，而不知所以养之者，岂爱身不若桐梓哉？弗思甚也。"（《孟子·告子章句上·第十三节》）

　　这段话翻译成现代汉语是："树径只有一握的小桐树、梓树苗，人们想要它生长，都知道培养它的办法。至于自己的身体，却不知道保养的办法，岂不是爱护自己的身体还不如爱护桐树梓树苗吗？我太不能理解了。"

　　孟子的养生思想有：

　　一、养生要全面："人之于身也，兼所爱。兼所爱，则兼所养也。无尺寸之肤不爱焉,则无尺寸之肤不养也。所以考其善不善者,岂有他哉?于己取之而已矣。体有贵贱,有小大。无以小害大,无以贱害贵。养其小者为小人,养其大者为大人。今有场师,舍其梧槚,养其樲棘,则为贱场师焉。养其一指而失其肩背,而不知也,则为狼疾人也。饮食之人,则人贱之矣,为其养小以失大也。饮食之人无有失也,则口腹岂适为尺寸之肤哉?"(《孟子·告子章句上·第十四节》)

这段话翻译成现代汉语是:"人对于自己的身体,每一部分都是爱护的。每一部分都爱护,则对每一部分都是有保养的,没有哪一寸皮肤不爱护,所以也没有哪一寸皮肤不受到保养。看他保养得不得法,哪有别的办法?注意饮食而已。人的身体有贵有贱,有小大之分。不要以为小就有所损害造成大时有损伤,不要在贫贱时造成损害致富贵时身体已不好。保养着眼于小处就是小人,保养着眼于大处就是大人。如今有个园艺师,不去爱护梧桐树和槚树,而去爱护保养酸枣树和荆棘,这个人就是很贱的园艺师。注意养护一根指头,却不注意养护肩背,且不知道,这就是狼藉之人(意思是糊涂人)。好吃的人,人们都鄙贱他,因为他贪小而失大。好吃之人没有(其他)过失,(只是)口腹岂能为了方寸之地服务?"

二、养生要寡欲。孟子说:"养心莫善于寡欲。其为人也寡欲,虽有不存焉者,寡矣;其为人也多欲,虽有存焉者,寡矣。"(《孟子·尽心章句下·第三十五节》)

这段话翻译成现代汉语是:"修养心性的最好办法是减少欲望。一个人如果欲望很少,即便会失去一些初心(即天生的善性),那也是很少的;一个人如果欲望很多,即便初心还有所保留,那所存也是很少的了。"

第十二章　与人相处的准则

　　人与人是要相处的，**孟子借孔子之名提出了可以相处的三种人（中庸、狂放、狷介之士）**。万章是一生都追随孟子的学生，深得孟子的喜爱。有一天，万章问："孔子在陈国时说：'何不回去呀！我的门徒志大狂放，进取，不忘初心。'孔子在陈国，为什么思念鲁国的狂放之士（孔子在陈曰：'盍归乎来！吾党之士狂简，进取，不忘其初。'孔子在陈，何思鲁之狂士）？"孟子说："孔子说过：'得不到中庸之士同他交往，那就交往狂放和狷介之士吧！狂放的人有进取心，狷介耿直的人有不肯去做的事情。'孔子难道不想结交中庸之士吗？这不一定就能得到，所以只想那次一等的了（孔子'不得中道而与之，必也狂狷乎！狂者进取，狷者有所不为也'。孔子岂不欲中道哉？不可必得，故思其次也）。"

　　万章马上追问："请问什么样的人才能称作狂放

的人(敢问何如斯可谓狂矣)？"孟子说："像琴张、曾皙、牧皮这样的人，就是孔子所说的狂放的人了(如琴张、曾皙、牧皮者，孔子之所谓狂矣)。"孟子说的这三个人，琴张是孔子的学生，曾皙是孔子学生曾参的父亲，牧皮也是孔子的学生。

万章再问："为什么说他们是狂放的人呢(何以谓之狂也)？"孟子说："其志嘐嘐然，曰'古之人，古之人'。夷考其行而不掩焉者也。狂者又不可得，欲得不屑不洁之士而与之，是獧也，是又其次也。孔子曰：'过我门而不入我室，我不憾焉者，其惟乡原乎！乡原，德之贼也。'"

这段话翻译成现代汉语是："他们志向远大说话夸张，总说：'古代的人！古代的人！'考察他们的行为时他们并不做掩饰。狂放的人要是不能得到，就去交不屑于做不干净事的人，这就是狷介之士，这又是次一等的了。孔子说：'经过我的大门却不进入我的屋子，我不会遗憾的人，那是乡原(谨厚、伪善欺世一类的人，又称'乡愿')！乡原，是残害道德的人。'"

万章再问："什么样的人可称作乡原(何如斯可谓之乡原矣)？"孟子说：(乡原批评狂放之人说)'为什么这样志高言大？话语不照应行为，行为不照应话语，就会说：'古代的人，古代的人！'(又批评狷介之士说)'行为为什么这样孤独寡合？生在这个社会，为这个社会活，善于应付就可以了。'曲意逢迎献媚世俗的人，这就是乡原(何以是嘐嘐也？言不顾行，行不顾言，则曰：古之人，古之人。行何为踽踽凉凉？生斯世也，为斯世也，善斯可矣。'阉然媚于世也者，是乡原也)。"

万章真是位好学霸，再追问："全乡的人都称他是原谅人的人，他到哪里都表现为肯原谅人的人，孔子却认为他是戕害道德的人，为什么呢(一乡皆称原人焉，无所往而不为原人，孔子以为德之贼，何哉)？"孟子说："非之无举也，刺之无刺也；同乎流俗，合乎污世；居之似忠信，行之似廉洁；众皆悦之，自以为是，而不可与入尧舜之道，故曰德之贼也。孔子曰：'恶似而非者：恶莠，恐其乱苗也；恶佞，恐其乱义也；恶利口，恐其乱信也；恶郑声，恐其乱乐也；恶紫，恐其乱朱也；恶乡原，恐其

乱德也。'君子反经而已矣。经正，则庶民兴；庶民兴，斯无邪慝矣。"（《孟子·尽心章句下·第三十七节》）

　　这段话翻译成现代汉语是："非难他却举不出他的什么错误，讽刺他却没什么可讽刺的，他只是混同于流俗，相合于污世；居家好像忠厚诚实，行动好像廉洁；众人都喜欢他，自己也认为正确，但是所做不在尧舜的道之中，所以说他是'贼害道德的人'。孔子说过：'可恶的是似是而非的东西：可恶的是狗尾草，恨它与禾苗在一起乱真；可恨的是巧言谄媚，恨它会弄乱了道义；可恨的是一种利嘴，怕它弄乱了诚实；可恨的是郑国音乐，怕它弄乱了雅乐；可恨的是紫色，怕它沾污了真正的红色；可恨的是乡原，恨它弄乱了道德。'君子做的就是让事物回到经典罢了。经典正，百姓就会有正能量，百姓有了正能量，社会上的邪恶就无处藏身了。"

　　孟子的相处之道一，是与人为善。

　　孟子说过这样一段话："子路，人告之以有过则喜。禹闻善言则拜。大舜有大焉，善与人同。舍己从人，乐取于人以为善。自耕稼、陶、渔以至为帝，无非取于人者。取诸人以为善，是与人为善者也。故君子莫大乎与人为善。"（《孟子·公孙丑章句上·第八节》）

　　这段话翻译成现代汉语是："子路，别人指出他的过错，他就很高兴。大禹听到有教益的话，就给人家致礼。伟大的舜帝格局更大，善于求同。（他会）舍弃自己的想法，很乐意吸取别人意见。从他种地、做陶器、捕鱼一直到做帝王，没有哪个时候不在向别人学习。吸取别人的优点去做善事，就是与人为善。所以君子最重要的就是要与人为善。"原来，与人为善的本意与出处在这里呀。

　　相处之道二，是君子才交。

　　孟子有一天说了一段话："伯夷，非其君不事，非其友不友。不立于恶人之朝，不与恶人言。立于恶人之朝，与恶人言，如以朝衣朝冠坐于涂炭。推恶恶之心，思与乡人立，其冠不正，望望然去之，若将浼焉。是故诸侯虽有善其辞命而至者，不受也。不受也者，是亦不屑就已。柳下惠,不羞污君,不卑小官。进不隐贤,必以其道。遗佚而不怨,阨穷而不悯。故曰:'尔为尔,我为我,虽袒裼裸裎于我侧,尔焉能浼我哉?'故由由然与之偕而不自失焉,援而止之而止。援而止之而止者,是亦不屑去已。"

孟子又说:"伯夷隘,柳下惠不恭。隘与不恭,君子不由也。"(《孟子·公孙丑章句上·第九节》)

伯夷,商纣王末期孤竹国(现秦皇岛一带)第七任君主亚微的长子,是情操高尚的知识分子代表。柳下惠,姓展名获,字禽。鲁国大夫。柳下是他住的地方,惠是他的谥号,故称柳下惠。他曾将受冻的女子裹于怀中,没有发生非礼行为,有坐怀不乱的美誉。

孟子这段话翻译成现代汉语是:"伯夷,不是他理想中的君主不侍奉,非其所期望的朋友不交往。不在凶恶人执政的朝廷里做官,不与凶恶的人交谈。在凶恶人执政的朝廷里做官,和恶人交谈,就好像穿着礼服戴着朝冠坐在污泥和炭灰的地方上一样。推想他厌恶恶人的心理,就像与乡下人站在一起一样,那人衣冠不整,远远一望你就会离开,怕会被污染上。因此,诸侯中虽然有很善言辞的人来聘请他,他却不接受。不接受的原因,是因为他瞧不起那些人。柳下惠,则不觉得侍奉昏君是耻辱,不会因官职小而觉得卑贱。他上位不隐藏自己的贤能,必按自己的主张行事。被冷落遗忘而不怨恨,处于困窘也不忧愁。所以他说:'你是你,我是我,即使有美女一丝不挂赤裸裸站在我身边,她又怎么能污染我呢?'所以他悠然与昏君、女子站在一起而不会失去理智,拉他留下就留下。拉他留下就留下的原因,是因为他瞧不起那些人。"

但孟子讲出两个与人相处的模式后似乎并不赞同。孟子又说:"伯夷这个人狭隘,柳下惠有失庄严。狭隘和有失庄严,都是君子不该遵从和仿效的。"但该交的交,不该交的就保持距离,孟子的这个交友之道还是表述明确了的。

相处之道三,决不改变自己的理想以求显达。

可能是见孟子久久没有国君来邀请,弟子陈代就提议受点委曲主动去见国君为好。他说："没有见诸侯以前，我觉得好像我很渺小。见过他们，就觉得我们大可以做到王者，小则可以称霸一方。何况《志》上说：'屈曲一尺而伸展到一寻（八尺）。'先委屈一下主动去见国君这事好像是可以的（不见诸侯，宜若小然；今一见之，大则以王，小则以霸。且志曰：'枉尺而直寻）。'宜若可为也。"

但孟子不同意。他说："孔子奚取焉？取非其招不往也，如不待其招而往，何哉？且夫枉尺而直寻者，以利言也。如以利，则枉寻直尺而利，亦可为与？昔者赵简子使王良与嬖奚乘，终日而不获一禽。嬖奚反命曰：'天下之贱工也。'或以告王良。良曰：'请复之。'强而后可，一朝而获十禽。嬖奚反命曰：'天下之良工也。'简子曰：'我使掌与女乘。'谓王良。良不可，曰：'吾为之范我驰驱，终日不获一；为之诡遇，一朝而获十。诗云："不失其驰，舍矢如破。"我不贯与小人乘，请辞。'御者且羞与射者比。比而得禽兽，虽若丘陵，弗为也。如枉道而从彼，何也？且子过矣，枉己者，未有能直人者也。"（《孟子·滕文公章句下·第一节》）

这段话翻译成现代汉语是："孔子会取哪一种呢？会取不召唤就不去的那种。如果不待召唤就前往，那算什么呢？况且那个屈曲一尺而伸展八尺是就经济上的'利'来说的，如果要说有利可图，但要屈曲八尺后才得伸展一尺的利，是否也要做呢？从前晋国大夫赵简子派本国善御者王良为他宠幸的小臣奚驾车去打猎，一整天捕不到一只鸟。宠臣奚回去汇报说：'王良是天下最差的车手。'有人把这话告诉了王良，王良说：'请让我们再去一次。'奚勉强同意后又由王良驾车去，一个早上就捕获到十只鸟。宠臣奚回去汇报说：'王良是天下最优秀的驾车手。'赵简子说：'我派他专门为你驾车。'赵简子告诉王良，王良不同意，说：'我按照规矩赶车奔驰，终日捕不到一只鸟；为他不按规矩驾车打猎，一早晨却捕获十只鸟。《诗经》上说：驱车有章法，放箭能穿物。我不习惯替（不按规矩的）小人驾车，我请辞。'驾车的人都羞于与奚这样的射手合作呢。即便合作得到的鸟兽堆得像山丘，也是不干的。如果改变自己的道而去顺从别人的想法，那干什么呢？是你错了，委屈自己是不能让别人正直的。"

相处之道四，不与自暴自弃者交往。

孟子说："自暴者，不可与有言也；自弃者，不可与有为也。言非礼义，谓之自暴也；吾身不能居仁由义，谓之自弃也。仁，人之安宅也；义，人之正路也。旷安宅而弗居，舍正路而不由，哀哉！"(《孟子·离娄章句上·第十节》)

孟子在这里对自暴自弃作了定义：不按礼仪要求讲话是为自我损害，身不能处于仁的环境按照义来行事，是自我放弃。这便是"自暴自弃"一词的来源。

孟子的这段话翻译成现代汉语是："说话不按礼仪的自我损害者不能与他谈话；不仁不义的自我放弃者不可与他共同有为。不按礼仪要求讲话是自我损害，身不能处于仁的环境按照义来行事，是自我放弃。仁德，就是人可安身立命的宅子；义，就是人生的正途。有宽畅的宅子不住，舍正路而不行，正是一种悲哀呀！"

相处之道五，要善于观人之眼。

孟子说："存乎人者，莫良于眸子。眸子不能掩其恶。胸中正，则眸子了焉；胸中不正，则眸子眊焉。听其言也，观其眸子，人焉廋哉？"(《孟子·离娄章句上·第十五节》)

这句话翻译成现代汉语就是："省视一个人，最好的方法是看他的眼睛。眼睛是无法掩饰他的缺点的。心术正派，眼睛就明了；心术不正，眼神不明。听他的言谈，观察他的眼睛，这人如何能掩饰得了自己？"

相处之道六，"不夹挟为友"，即与有德者为友，不依仗背景去交友。

有一天，万章问什么叫朋友（敢问友），孟子说："不挟长，不挟贵，不挟兄弟而友。友也者，友其德也，不可以有挟也。孟献子，百乘之家也，有友五人焉：乐正裘、牧仲，其三人，则予忘之矣。献子之与此五人者友也，无献子之家者也。此五人者，亦有献子之家，则不与之友矣。非惟百乘之家为然也。虽小国之君亦有之。费惠公曰：'吾于子思，则师之矣；吾于颜般，则友之矣；王顺、长息则事我者也。'非惟小国之君为然也，虽大国之君亦有之。晋平公之于亥唐也，入云则入，坐云则坐，食云则食。虽疏食菜羹，未尝不饱，盖不敢不饱也。然终于此而已矣。弗与共天位也，弗与治天职也，弗与食天禄也，士之尊贤者也，非王公之尊贤也。舜尚见帝，帝馆甥于贰室，亦飨舜，迭为宾主，是天子而友匹夫也。用下敬上，谓之贵贵；用上敬下，谓之尊贤。贵贵、尊贤，其义一也。"
（《孟子·万章章句下·第三节》）

这段话翻译成现代汉语是："不仗恃年纪大，不仗恃富贵，不仗恃兄弟关系来交友。友，是以德成友，因此不可以有仗恃。鲁国大夫孟献子，是拥有兵车百乘的世家，有友五人：乐正裘、牧仲，其他三个人的姓名我忘记了。孟献子和这五个人为友，没有仗恃自己的家世。这五个人如果看重献子的家世，就不会与他为友了。不仅是拥有兵车百乘的世家如此，小国的国君也有这样的人。春秋时期的费惠公说：'我对于子思，看成是老师；我对于颜般（孔子弟子颜回的儿子），则为友；王顺、长息则是侍奉我的臣子。'不仅小国的君主如此，即使是大国的君主也有这样的人。晋平公对于亥唐这个人，让他说进就进去，说坐下就坐下，说吃饭就吃饭，哪怕是粗茶淡饭，从不会不吃饱，因为不敢不吃饱。然而也只能做到这一步了。（晋平公）并不与亥唐分享最高权位，没给他官职，没给他俸禄。亥唐此例是读书人对贤者的尊敬，不是王公对贤者的尊敬。舜去进见帝尧，帝尧让女婿住在备用的房间里，也宴请舜，互为宾主，这是天子与普通人为友。职位低的人尊敬职位高的人，称为尊重贵人。职位高的人尊敬职位低的人，就称为尊敬贤人。尊重贵人，尊敬贤人，其意义都是一样的。"

第十三章　做人的品格

做人是要人品的,品格才是人最可贵的东西。孟子说:"欲贵者,人之同心也。人人有贵于己者,弗思耳。人之所贵者,非良贵也。赵孟之所贵,赵孟能贱之。诗云:'既醉以酒,既饱以德。'言饱乎仁义也,所以不愿人之膏粱之味也;令闻广誉施于身,所以不愿人之文绣也。"(《孟子·告子章句上·第十七节》)

这段话翻译成现代汉语是:"盼望尊贵,是每个人都有的想法。但每个人都有自己的可尊贵之处,却没有人去想。人所珍贵的,往往不是真正值得珍贵的。晋国大臣赵孟能让一个人或一件东西尊贵,也能让他(它)卑贱。《诗经》上说:'人既可以醉于酒,也可以饱于道德。'这是说人要饱含仁义,不希望人们满足于美味。希望听到称誉不断加于身,不希望身上文满文身。"一个人如何才能称誉不断加于身? 那就要有品格。

那做人要有什么样的品格?

一、做人要有向往大道的品格。"孔子登东山而小鲁,登泰山而小天下。故观于海者难为水,游于圣人之门者难为言。观水有术,必观其澜。日月有明,容光必照焉。流水之为物也,不盈科不行;君子之志于道也,不成章不达。"(《孟子·尽心章句上·第二十四节》)

这段话翻译成现代汉语是:"孔子登上东山就觉得鲁国小了,登上泰山就觉得天下小了,所以看过大海的人不会看上一般的水,在圣人门下学过的人不会看上一般的言论。观水有门道,一定要看它的波澜。日月有光辉,有缝隙必能照射进去。流水的本性,不充满水坑就不会流走。君子有志于道也如此,学术不成系统不算成功。"

二、做人要有政治品格。孟子在谈什么叫大丈夫时讲了这一点。

某天,孟子的朋友景春说:"公孙衍和张仪,难道不是真丈夫吗? 他们一发怒诸侯就害怕;他们一安静,天下的战火就熄灭(公孙衍、张仪岂不诚大丈夫哉? 一怒而诸侯惧,安居而天下熄)。"公孙衍,魏国阴晋(今陕西华阴东)人。于秦惠文君五年(前333年)在秦,为大良造,后居魏。战国时期纵横学派的代表人物之一。曾两次主张诸国合纵抗秦,皆失败。张仪,也是战国时著名的纵横家。魏人,于秦惠王时入秦,为客卿。秦惠文君十年(前328),张仪为秦相。

听了这话,孟子不以为然,说:"是焉得为大丈夫乎? 子未学礼乎? 丈夫之冠也,父命之;女子之嫁也,母命之,往送之门,戒之曰:'往之女家,必敬必戒,无违夫子!'以顺为正者,妾妇之道也。居天下之广居,立天下之正位,行天下之大道。得志与民由之,不得志独行其道。富贵不能淫,贫贱不能移,威武不能屈。此之谓大丈夫。"(《孟子·滕文公章句下·第二节》)

这段话翻译成现代汉语是:"这就能算大丈夫吗? 你没有学过《礼经》吗? 男子成年加冠礼,是父亲为其戴帽;女子出嫁,是母亲命人送到大门口,告诫她说:'到了你自己的家,必须恭敬,必守规矩,不要违抗丈夫。'以顺从作为准则,是妻妾之道。住天下众人一样的房屋,站在天下正确的名位上，向天下推行大道。如果得志，领导人民一齐行大道；如果不得志，就自己坚持自己之道。富贵时不会因淫逸而忘道，贫贱时不动摇推行大道的意志，威武之势不能使其屈服。这才叫大丈夫！"此句前半段，孟子把公孙衍和张仪的所作所为比成听父亲和母亲话的男儿、女儿。后半段，话锋一转，从推行"道"的角度来谈大丈夫的品格，以富贵、贫困和威武不能改其志来衡量一个人的品格。这其实讲的是一个人应有的政治品格。

三、做人要坚持善良的品格。 孟子说："鸡鸣而起，孳孳为善者，舜之徒也。鸡鸣而起，孳孳为利者，跖之徒也。欲知舜与跖之分，无他，利与善之间也。"（《孟子·尽心章句上·第二十五节》）

这段话翻译成现代汉语是："闻鸡报晓就起，孜孜不倦行善的，是舜之类的人；闻鸡报晓就起，孜孜不倦地求利益的，是盗跖之类的人。要想知道舜和跖的区别，没有别的，只是求利和求善的不同。"

四、做人要有知错就改的品格。 儒家所谓的修养，就是通过学习与悟性达到高一等的品格，最终成为贤人。那贤人是不是就完美无缺呢，就不会犯错误呢？不是的，贤人也会犯错误，但知错就改，不文过饰非，这本身就是趋向完美的过程。

齐国伐燕不久，燕国人起而叛乱。齐宣王感到很惭愧，说："后悔没有听孟子的话（吾甚惭于孟子）。"齐宣王说这话，是因为孟子认为攻伐是可以的，但一要得被伐国百姓拥护，二要有授权。这时，齐国大夫陈贾在边上就以带有点挑拨的口吻说："大王不要忧虑。谁问你与周公比，谁更爱民，谁更有智慧（王无患焉。王自以为与周公，孰仁且智）？"齐王一听就生气了，说："你这是什么话（恶！是何言也）？"陈贾说，周公旦派他的哥哥管叔去监管亡国后的殷商遗民住地，不料他却率领殷商遗民反叛。如果周公知道管叔会反叛而派他去，那周公是不仁；如果不知道管叔会反叛而派他去，那周公是不智。不管如何说，大圣人周公是既不够仁也不够智，何况大王您呢（周公使管叔监殷，管叔以殷畔。知而使之，是不仁也；不知而使之，是不智也。仁智，周公未之尽也，而况于王乎)？"陈贾自以为抓到一个"二律悖反"的难题，说要见孟子当面问他这个问。

陈贾见到孟子，劈头劈脸问周公是什么人(周公何人也)？孟子回答："古圣人也。"陈贾问："周公让管叔监管殷商遗民住地，他却领着遗民反叛，有这事吗(使管叔监殷，管叔以殷畔也，有诸)？"孟子说："有的(然)。"陈贾再问："周公是明知管叔要反叛却仍派他去上任的吗(周公知其将畔而使之与)？"孟子说："周公不知道管叔会反叛(不知也)。"这时，陈贾感到自己的刁难达成了，他说："然则圣人且有过与(你们儒家说的圣人也会犯错误)？"这时，孟子正色道："周公，弟也；管叔，兄也。周公之过，不亦宜乎？且古之君子，过则改之；今之君子，过则顺之。古之君子，其过也，如日月之食，民皆见之；及其更也，民皆仰之。今之君子，岂徒顺之，又从为之辞。"(《孟子·公孙丑章句下·第九节》)

这段话翻译成现代汉语是："周公，是管叔的弟弟；管叔，是周公的哥哥。周公这种过错，不正合乎情理吗？况且古代君子，有过错就改正；如今的君子，有过错则任其发展。古代君子，他的过错，就像日食月食一样，人民都看得见；等到他改正过错时，人民仍会敬仰他。如今的君子，何止是让过错任性发展，而且还会编一套言辞来美化它。"

五、做人要有反躬自省的品格。孟子说："爱人不亲反其仁，治人不治反其智，礼人不答反其敬。行有不得者，皆反求诸己，其身正而天下归之。诗云：'永言配命，自求多福。'"(《孟子·离娄章句上·第四节》)

这段说翻译成现代汉语是："爱别人别人并不亲近你，你就应该反躬自省自己的仁爱程度；治理百姓却没有治理好，就应该反躬自省自己的智慧；施礼别人并不回礼应该反躬自省自己对别人有过什么不恭敬之处。任何行为如果没有效果，都应该回过头来从自己身上找原因，自身端正，天下归服。《诗经》上说：'永远要说的话是配合天命，向内寻找幸福。'"

与这段话相同的一段话载于《孟子·离娄章句下·第二十八节》。孟子说："君子所以异于人者，以其存心也。君子以仁存心，以礼存心。仁者爱人，有礼者敬人。爱人者人恒爱之，敬人者人恒敬之。

"有人于此，其待我以横逆，则君子必自反也：我必不仁也，必无礼也，此物奚宜至哉？其自反而仁矣，自反而有礼矣，其横逆由是也，君子必自反也：我必不忠。自反而忠矣，其横逆由是也，君子曰：'此亦妄人也已矣。如此则与禽兽奚择哉？于禽兽又何难焉？'

"是故，君子有终身之忧，无一朝之患也。乃若所忧则有之：舜人也，我亦人也。舜为法于天下，可传于后世，我由未免为乡人也，是则可忧也。忧之如何？如舜而已矣。

"若夫君子所患则亡矣。非仁无为也，非礼无行也。如有一朝之患，则君子不患矣。"

这几段话译成现代汉语是："君子之所以不同于普通人，是因为存有一颗不一样的心。君子以仁存于心，以礼存于心。仁者能爱人，懂礼者能尊敬人。爱别人的人别人也永远会爱他，尊敬别人的人别人也会永远尊敬他。

"这时有个人，他对我很蛮横，那么君子就会自我反省：'我必然有爱心不够的地方，必然有礼数不周的地方，否则这种情况怎么能够出现呢？'在自我反省中达到仁爱，在自我反省中达到遵礼。如果那人仍然蛮横，君子仍会自我反省：'我必然有不忠厚的地方。'在自我反省中达到忠诚。如果那人仍旧蛮横，君子就会说：'这无非是个狂妄之徒而已，这样的人跟禽兽有什么区别呢？对禽兽又有什么可责难的呢？'

"由此可见，君子有终身的忧虑，但没有短时的祸患。常忧虑的是：大舜是人，我也是人。大舜将法推行于天下，传于后世，可我还是个普通的乡人，这才值得忧虑。忧虑又怎么办呢？像舜一样去做就是了。

"至于君子担心的事就会没有了。非仁的事不去做，非礼的行为不去行。就是有了短暂的祸患，君子也不用担心了。"

六、做人要有助人以道义的品格。有一天，年纪略长于孟子且"滑稽多辩"的齐国名士淳于髡问："男女授受不亲，礼与（男女之间传递接受东西不触碰，是礼的规定吗）？"孟子的回答是肯定的。淳于髡马上问："嫂溺则援之以手乎（那嫂子落水,（身为小叔的）要伸手去拉她吗）？"孟子回答："嫂溺不援,是豺狼也。男女授受不亲,礼也;嫂溺援之以手者,权也。"

这句话翻译成现代汉语是："嫂嫂落水不救,那就是豺狼。男女授受不亲,是礼的规定;嫂嫂落水,伸手去救,是一种权宜变通之计。"也许,一般人讲到这里道理也就明白了,不过淳于髡不是徒有"滑稽多辩"的名号的,他马上追问一句,引出一个戏剧性的小高潮："今天下溺矣,夫子之不援,何也（现在天下百姓都落于水中了,先生却不伸手,又是为何呢）？"孟子心中肯定有一声长长的叹息,他回答说："天下溺,援之以道;嫂溺,援之以手。子欲手援天下乎？"

这段话翻译成现代汉语是："天下百姓落入水中,当以道去救。嫂子落水,我可以用手去拉。但先生要我用手去拉天下所有的百姓吗？"

七、做人要有专一的品格。孟子说："人之易其言也,无责耳矣（人之所以常改变自己的言论,这是因为没有责任心啊）。"（《孟子·离娄章句上·第二十二节》）

八、做人不要好为人师。孟子说："人之患在好为人师（人们的一个大毛病,就是喜欢当别人的老师）。"（《孟子·离娄章句上·第二十三节》）

九、做人要有知进退的品格。孟子说："人有不为也,而后可以有为（人正因为有些事不去做,然后才可以做出成就）。"（《孟子·离娄章句下·第八节》）

有一次,孟子还表达了不在其位不谋其政的思想。他说："仕非为贫也,而有时乎为贫;娶妻非为养也,而有时乎为养。为贫者,辞尊居卑,辞富居贫。辞尊居卑,辞富居贫,恶乎宜乎？抱关击柝。孔子尝为委吏矣,曰'会计当而已矣'。尝为乘田矣,曰'牛羊茁壮,长而已矣'。位卑而言高,罪也;立乎人之本朝,而道不行,耻也。"（《孟子·万章章句下·第五节》）

这段话翻译成现代汉语是："出来做官不是因为贫穷,但有时却是因为贫穷。娶妻不是为了奉养父母,但有时却是为了奉养父母。因为贫穷而出来当官的人,应该推却尊贵的职位而甘居卑微的职位,拒绝厚禄只受薄俸。推却尊贵的职位而甘居卑微的职位,拒绝厚禄只受薄俸,怎么样才算合适呢?那就是当守关打更的人。孔子曾经做过管理仓库的小官,他说:'把账算好就行了。'他也曾做过管理畜牧的小官,他说:'牛羊能茁壮成长就行了。'如果职位很低却高谈阔论,是罪过。身在朝廷做官,却不能推行道,是耻辱。"

十、做人要有不说人坏话的品格。孟子说:"言人之不善,当如后患何(说别人的不是,引起的后患你怎么处理呢)?"(《孟子·离娄章句下·第九节》)

十一、做人要有讲大义的品格,又可以出于"义"而变通。陈仲子先祖是陈国公子完,避战逃到齐国,改姓田。后来齐国授予他大夫,楚国聘他为相,他都不受而去隐居。对他这种行为,孟子说:"仲子,不义与之齐国而弗受,人皆信之,是舍箪食豆羹之义也。人莫大焉亡亲戚、君臣、上下。以其小者信其大者,奚可哉?"(《孟子·尽心章句上·第三十四节》)

这段话翻译成现代汉语是:"齐国的陈仲子,用不义的方式把整个齐国都给他他也不会接受,人们都相信这点,但这只是舍弃一箪食、一碗豆汤的(小)义。人最大的事是失去亲戚、君臣、上下的关系。因为他有小义而相信他会有大义行为,这怎么可以呢?"

孟子又说:"大人者,言不必信,行不必果,惟义所在(德行高者可以言不必信,行不必果,关键看是不是符合义)。"(《孟子·离娄章句下·第十一节》)

十二、做人要有坚持初心的品格。孟子说:"大人者,不失其赤子之心者也(德行高的人不会丢掉他的赤子之心)。"(《孟子·离娄章句下·第十二节》)

十三、做人要有讲大局的品格。有一天,同样也是一名士的公都子问:"同样是人,有些人被称为大人,有些人被称为小人,这是为什么呢

（钧是人也，或为大人，或为小人，何也）？"孟子说："从大局出发考虑事的，就称为大人；从小处着眼考虑事的，就称为是小人（从其大体为大人，从其小体为小人）。"

公都子再问："同样是人，有的会从大局考虑事，有的则从小处着眼，这又是为什么呢（钧是人也，或从其大体，或从其小体，何也）？"孟子说："耳目之官不思，而蔽于物，物交物，则引之而已矣。心之官则思，思则得之，不思则不得也。此天之所与我者，先立乎其大者，则其小者弗能夺也。此为大人而已矣。"（《孟子·告子章句上·第十五节》）

这段话翻译成现代汉语是："人的耳朵、眼睛看见、听见了却不去思考，就会被外物所蒙蔽。（这是因为）物物相交，就会被引导的缘故。心这个器官则会思考，思考就会有所得，不思考就不会有所得。这是上天赋予我们人类的。首先确立大局，那么小事情就不能占据人的心了。这就是大人能成为大人的原因。"

十四、做人要有"穷独达兼"的品格。有一天，孟子对一位叫宋句践的友人说："你喜欢游说吗？我来给你说说游说吧。人家知道你，你要表现出自足无欲的样子；人家不知道你，也要表现出自足无欲的样子（子好游乎？吾语子游。人知之，亦嚣嚣；人不知，亦嚣嚣）。"那宋句践就问了："如何才能表现出自足无欲的样子呢（何如斯可以嚣嚣矣）？"孟子说："尊德乐义，则可以嚣嚣矣。故士穷不失义，达不离道。穷不失义，故士得己焉；达不离道，故民不失望焉。古之人，得志，泽加于民；不得志，修身见于世。穷则独善其身，达则兼善天下。"（《孟子·尽心章句上·第九节》）

这段话翻译成现代汉语是："尊重道德乐于行义，就可以做到自足无欲的样子了。所以士再穷困也不要失义气，发达了也不偏离道。穷困不失义气，所以士能不失自己的志向。发达了不偏离道，所以人民不会对他失望。古时候的人，如果得志，就会惠泽万民；如果不得志，就以修养自身出现在世间。穷困时独自善养自身，发达时兼顾善养天下万民。"

十五、做人要有发奋自强的品格。孟子说："待文王而后兴者,凡民也。若夫豪杰之士,虽无文王犹兴。"(《孟子·尽心章句上·第十节》)

这句话翻译成现代汉语是:"等待周文王这样的圣君出现后才振兴国家的人,是平凡的人。若是豪杰之人,即使没有周文王出现,也会为振兴国家而奋斗。"

十六、做人要有谦虚、恭敬的品格。孟子说："附之以韩魏之家,如其自视欿然,则过人远矣(如果给你韩魏之家的名誉、地位和财富,如果你还表现得谦虚, 你就远远地超过一般人了)。"(《孟子·尽心章句上·第十一节》)

孟子还说过:"食而弗爱,豕交之也;爱而不敬,兽畜之也。恭敬者,币之未将者也。恭敬而无实,君子不可虚拘。"(《孟子·尽心章句上·第三十七节》)

这段话翻译成现代汉语是:"养活别人而没有爱, 这就是养猪;爱惜却不恭敬,这是养禽兽。恭敬,应该在礼物还没有送来之前就有。表面恭敬而缺乏实质,君子不能如此用虚假的礼仪笼络人(或译虚假不实)。"

十七、做人要有坚守操守为先的品格。孟子说："言近而指远者,善言也;守约而施博者,善道也。君子之言也,不下带而道存焉。君子之守,修其身而天下平。人病舍其田而芸人之田,所求于人者重,而所以自任者轻。"(《孟子·尽心章句下·第三十二节》)

这段话翻译成现代汉语是:"言语浅近而旨意深刻的, 是善言;自持操守广施博爱的,是善于传道。君子所说的话,不去延伸道就存在其中;君子的操守是,修养自身再谋天下太平。人的通病是舍弃自己的田而去耕耘别人的田,所对别人要求的责任重,而要求自己担负得却很轻。"

十八、做人要有重名节的品格。孟子说："好名之人,能让千乘之国;苟非其人,箪食豆羹见于色(喜好名节的人,能够让出一个有千乘兵车的国家;如果不是这样的人,叫他让出一碗饭、一碗汤也会表现出

不高兴的神情)。"(《孟子·尽心章句下·第十一节》)

十九、做人要有不怕人议论的品格。 一位叫貉稽的士有一天对孟子说："很多人都说我的不是呢(稽大不理于口)。"孟子说："无伤也。士憎兹多口。诗云:'忧心悄悄,愠于群小。'孔子也。'肆不殄厥愠,亦不陨厥问。'文王也。"(《孟子·尽心章句下·第十九节》)

这段话翻译成现代汉语是："无伤大雅啦。凡是士都憎恶这些不该说的话。《诗经·邶风·柏舟》说:'内心忧忧,因小人们怨恨。'孔子就是这样的人。《诗经·大雅·绵》说:'任意行事时有不绝的抱怨,也有不绝的问候。'文王就是这样的人。"

二十、做人要有光明正大的品格。 孟子说："贤者以其昭昭,使人昭昭;今以其昏昏,使人昭昭(贤者以自己的敞亮使他人也敞亮,现在的人以自己的昏昧却想使人敞亮)。"(《孟子·尽心章句下·第二十节》)

二十一、做人要有坚持底线的品格。 做人的底线是不可无耻。孟子说："人不可以无耻。无耻之耻,无耻矣(人不可以没有羞耻心,没有羞耻心的可耻,那才叫无耻)。"(《孟子·尽心章句上·第六节》)

说了这段话,孟子还嫌对耻的观念没有表达淋漓,又在《尽心章句上·第七节》接着说："耻之于人大矣。为机变之巧者,无所用耻焉。不耻不若人,何若人有?"

这段话翻译成现代汉语是："羞耻心对人至关重要。善于权变而乖巧的人,可耻到无所不用其极。不因为比别人更可耻而羞耻,还有什么人比这种人更可耻的?"

二十二、不贪图小才气的品格。 有一个姓盆成名括的人在齐国当了官。孟子说："盆成括要死了(死矣盆成括)!"果然不久盆成括就被杀了。这时学生就问了:"老师何以预见到他会被杀呢(夫子何以知其将见杀)?"孟子说："其为人也小有才,未闻君子之大道也,则足以杀其躯而已矣。"(《孟子·尽心章句下·第二十九节》)

这段话翻译成现代汉语是："他为人也小有才气,但他没有学得君子的大道,这就足以招来杀身之祸呀。"

第十四章　做事

　　先做人，后做事，但做事也有做事的规律。孟子认为应当这样做事：

　　一、不勉强而为。孟子说："无为其所不为，无欲其所不欲，如此而已矣（不要去做不应当去做的事，不要去想不应当想的事，做人不过如此）。"（《孟子·尽心章句上·第十七节》）

　　二、做事做到底。孟子说："有为者辟若掘井，掘井九轫而不及泉，犹为弃井也。"（《孟子·尽心章句上·第二十九节》）

　　这段话翻译成现代汉语是："有所作为就如挖井，挖井九仞还没有得到泉水就放弃，这仍是口废井。"

　　三、以道引导禀赋。孟子说："形色，天性也；惟圣人，然后可以践形。"（《孟子·尽心章句上·第三十八节》）

这句话翻译成现代汉语是："人的形体、容貌，是天生的。唯有成为圣人，然后可以让天生的形体与容貌生出应有之义。"

四、做事有度。孟子说："于不可已而已者，无所不已；于所厚者薄，无所不薄也。其进锐者，其退速。"（《孟子·尽心章句上·第四十四节》）

这句话翻译成现代汉语是："在不该停止的时候停止，那就没有什么时候不可以停止。对应该厚待的人薄待，那对任何人都会薄待。如果前进得太迅速，那后退也会很快。"

五、做事要抓重点。孟子说："知者无不知也，当务之为急；仁者无不爱也，急亲贤之为务。尧舜之知而不遍物，急先务也；尧舜之仁不遍爱人，急亲贤也。不能三年之丧，而缌小功之察；放饭流歠，而问无齿决，是之谓不知务。"（《孟子·尽心章句上·第四十六节》）

这句话翻译成现代汉语是："智者无所不知，但先解决当务之急的问题；仁者无所不仁爱，但以亲戚贤者的事为要务。尧和舜的智慧并不覆盖万物，他们总是办当前最需急办的事物。尧和舜的仁爱不遍及所有的人，他们总是急办亲戚贤者的事。不能服三年之丧，而对于短期的丧服却要明察；大吃猛喝，而不去考虑牙齿的损伤，这就称为不识时务。"

六、要处好人际关系。孟子有一次对学生说："君子之厄于陈蔡之闲，无上下之交也。"（《孟子·尽心章句下·第十八节》）

这段话翻译成现代汉语是："君子（指孔子）受困于陈国、蔡国之间，是因为他与陈、蔡两国的上下没有什么交往。"

第十五章　学习与教育

一、学习的目的

人为什么要学习,我们为什么要搞教育?教育有两大目的,一是为国家政治需要而统一民智。二是人人皆可以通过学习成为圣贤,就是说人皆可成尧舜。

对于教育的第一个目的,孟子说:"仁言,不如仁声之入人深也。善政,不如善教之得民也。善政民畏之,善教民爱之;善政得民财,善教得民心。"(《孟子·尽心章句上·第十四节》)

这段翻译成现代汉语是:"仁政的言论,不如仁政的音乐深入人心;善良的政治不如善良的教育能够得到人民的拥戴。善良的政治,人民畏惧;善良的教育,人民喜爱。善良的政治能获得人民的财富,善良的教育则能够得到民心。"

对于教育的第二个目的,孟子也有明确的说法。有一天,曹国国君的弟弟曹交问孟子:"人人都可以成为尧舜,有这样的说法吗(人皆可以为尧舜,有诸)？"孟子说:"是的(然)。"曹交说:"我听说周文王身高十尺,成汤王身高九尺,如今我曹交身高九尺四寸。我只是会吃饭而已,如何才能成为尧、舜呢(交闻文王十尺,汤九尺,今交九尺四寸以长,食粟而已,如何则可)？"这时孟子说:"奚有于是？亦为之而已矣。有人于此,力不能胜一匹雏,则为无力人矣;今曰举百钧,则为有力人矣。然则举乌获之任,是亦为乌获而已矣。夫人岂以不胜为患哉？弗为耳。徐行后长者谓之弟,疾行先长者谓之不弟。夫徐行者,岂人所不能哉？所不为也。尧舜之道,孝弟而已矣。子服尧之服,诵尧之言,行尧之行,是尧而已矣;子服桀之服,诵桀之言,行桀之行,是桀而已矣。"

这段话翻译成现代汉语是:"这和身高有什么关系呢？只要去做就是了。这里有个人,力不能提起小鸡,那他就是个没有力气的人;如今有个人说他可以举起三千斤,那他就是个有力气的人。如果能举得起大力士乌获举起的东西,那他就是又一个乌获了。人怎能以不胜任为忧患？只怕不去做罢了。缓慢地走在长者后面叫做悌,快步走超过长者叫不悌。那么缓慢地行走,难道是人做不到的事吗？只是不做罢了。尧、舜之道,就是孝与悌而已。你穿尧的衣服,诵读尧的言论,行尧的行为,就是尧了。你穿暴君桀的衣服,诵读桀的言论,行桀的行为,那你就是桀了。"

听孟子这么说,曹交服了。他说:"我就要去拜见邹君,可以借到一座客馆,希望老师留下来教我学业(交得见于邹君,可以假馆,愿留而受业于门)。"孟子说:"夫道,若大路然,岂难知哉？人病不求耳。子归而求之,有余师。"(《孟子·告子章句下·第二节》)

这句话翻译成现代汉语是:"道,就像大路一样,理解难道会很难吗？可担忧的是不去求取。你回去寻求吧,老师多的是。"

实现上述学习与教育的两大目的,孟子认为是教育人懂得仁义。但教人以仁义,又要顺乎人的善的初心。有一天,孟子的学生告子对孔子说:"人有本性,就像杨柳有本性一样。仁义,就像木制器皿。给人灌输仁义让人具有道德,就是把杨柳做成器皿(性,犹杞柳也;义,犹桮棬也。以人性为仁义,犹以杞柳为桮棬)。"向学生灌输仁义,是好事啊,不料孟子听后很是生气。他说:"子能顺杞柳之性而以为桮棬乎? 将戕贼杞柳而后以为桮棬也? 如将戕贼杞柳而以为桮棬,则亦将戕贼人以为仁义与? 率天下之人而祸仁义者,必子之言夫!"(《孟子·告子章句上·第一节》)

这句话翻译成现代汉语是:"你是顺着杨柳的本性来做器皿呢? 还是逆着它的本性来做成器皿? 假如说要逆杨柳的本性将它做成杯盘,那么你也会以为逆着人的本性就是仁义。以后(以灌输仁义之名)带领天下人来祸害仁义的,必定是你这种言论。"

二、学习与教育的环境

学习与教育的环境是很重要的, 孟母三迁的故事在中国家喻户晓。西汉·刘向《列女传·卷一·母仪》说:"昔孟子少时,父早丧,母仉(zhǎng)氏守节。居住之所近于墓,孟子学为丧葬,躄(bì),踊痛哭之事。母曰:'此非所以居子也。'乃去,舍市傍,孟子又嬉为贾人炫卖之事,母曰:'此又非所以居子也。'舍市,近于屠,学为买卖屠杀之事。母又曰:'是亦非所以居子矣。'继而迁于学宫之旁。每月朔(shuò,夏历每月初一日)望,官员入文庙,行礼跪拜,揖让进退,孟子见了,一一习记。孟母曰:'此真可以居子也。'遂居于此。"

这段话的故事是:孟子小的时候,父亲就去世了,母亲仉氏守礼节不再结婚。孟家住地靠近墓地。孟子就和邻居的小孩一起学办丧事时大人跪拜、哭嚎的样子。孟子的妈妈说:"这个地方不适合我的孩子居住!"孟子的妈妈就带着孟子搬到了集市边。这时孟子又学商人吆喝生意的样子。孟子的妈妈又说:"这个地方也不适合我的孩子居住!"于是他们又搬家至屠宰场附近。这次,孟子又学起屠夫杀猪卖羊的样子。孟子的妈妈说:"这个地方也不适合我的孩子居住!"最后一次他们搬到了学宫附近。每月夏历初一,官员会到文庙,行礼跪拜,互相行礼,孟子见了之后都学习记住。孟子的妈妈说："这才是我儿子应该住的地方啊！"于是就居住在了这个地方。之后孟子长大学六艺，成大儒，这与母亲选择好学习成长环境大有关系。

有一天，孟子到了宋国，对宋国名臣戴不胜说："你不是想要你们大王行仁政成善人吗？现在有一个楚国的大夫，希望他的儿子能说齐国的方言，你说是让齐国人来教他呢，还是让楚国人来教他（有楚大夫于此，欲其子之齐语也，则使齐人傅诸？使楚人傅诸）？"

学齐国话当然是齐国人来教好。戴不胜也是这样回答的："使齐人傅之。"这时，孟子说出了他这个比喻的真实含义："一齐人傅之，众楚人咻之，虽日挞而求其齐也，不可得矣；引而置之庄岳之间数年，虽日挞而求其楚，亦不可得矣。子谓薛居州，善士也。使之居于王所。在于王所者，长幼卑尊，皆薛居州也，王谁与为不善？在王所者，长幼卑尊，皆非薛居州也，王谁与为善？一薛居州，独如宋王何？"（孟子·滕文公章句下·第六节）

这段话翻译成现代汉语是："一个齐国人教他，众多楚国人在旁边嘘他，即使天天鞭挞他强逼他说齐国话，他也不去学齐语的。要是把他送到齐国的庄、岳这两条街上去住几年，即使天天鞭挞并强逼他说楚国话，他也只会讲齐语。你说宋国大臣薛居州是个善人，让他常在国君的身边。如果在国君身边的人无论年纪大小、地位高低都是薛居州那样的人，大王和谁去做不善的事呢？如果在国君身边的人无论年纪大小、地位高低都不是薛居州那样的善人，大王和谁去做善事呢？一个薛居州，怎能改变宋王呢？"在这里，孟子同样讲了环境对人成长与学习的重要性。

三、教学方法

孟子的学习方法之一是要靠自身修养而得道。孟子说："君子深造之以道，欲其自得之也。自得之，则居之安；居之安，则资之深；资之深，则取之左右逢其原，故君子欲其自得之也。"（《孟子·离娄章句下·第十

四节》）

　　这段话翻译成现代汉语是："君子深造是为了得到道,道是靠自我修养才能得到的。自己得道了,才能生活安然;生活安然,财富与人脉才就多;财富与人脉多,才能在处世中左右都探寻到事物的本原。所以君子要靠修养得到道。"在这里,学习的目的是为了提高自身的修养,学习的目的不是为了实用主义的"应用",中西方教育的不同点显现了出来。

　　孟子的学习（教育）**方法之二,要求专心致志。**有一天,孟子说了一段关于君王的话,但讲的其实是专心致志的事,且留下了"一暴十寒"的成语:"无或乎王之不智也,虽有天下易生之物也,一日暴之,十日寒之,未有能生者也。吾见亦罕矣,吾退而寒之者至矣。吾如有萌焉何哉!今夫弈之为数,小数也;不专心致志,则不得也。弈秋,通国之善弈者也。使弈秋诲二人弈,其一人专心致志,惟弈秋之为听。一人虽听之,一心以为有鸿鹄将至,思援弓缴而射之,虽与之俱学,弗若之矣。为是其智弗若与? 曰:非然也。"（见《孟子·告子章句上·第九节》）

　　这段话翻译成现代汉语是:"不要陷于'君王不明智'的误区,即使天下最容易生长的植物,让它曝晒一天,寒冻十天,它也难以生存。我去见君王本来就很少,我退出来后寒碜我的人就到了。我即使萌发帮君王的心,又能起到什么作用呢? 如今下棋只是一种算计,只是小技艺而已;但不专心致志,也是学不到的。弈秋,是一位全国知名的围棋高手,让弈秋教两个人下围棋,其中一人专心致志,只专心听弈秋讲课。另一人虽然在听课,但一心想象天鹅就要飞来,想如何拿起弓箭去射杀它。他虽然也跟那人同时学,却会比不上那人。这是因为他的智力比不上吗? 答案是:不是的。"

　　孟子学习（教育）**方法之三,博学而求精。**孟子说:"博学而详说之,将以反说约也。"（见《孟子·离娄章句下·第十五节》）这段话翻译成现代汉语是:"广博地学了各种知识并能详细地解说,再以反向的方式提炼精简。"

　　孟子的学习（教育）**方法之四，父子不相教**。有一天，孟子的弟子公孙丑问孟子："君子为什么不直接教自己的儿子（君子之不教子，何也）？"孟子说："势不行也。教者必以正；以正不行，继之以怒；继之以怒，则反夷矣。'夫子教我以正，夫子未出于正也。'则是父子相夷也。父子相夷，则恶矣。古者易子而教之。父子之间不责善。责善则离，离则不祥莫大焉。"（《孟子·离娄章句上·第十八节》）

　　这句话翻译成现代汉语是："（父教子）形成的情势并不好。教育者必须用正确的规范来要求学子；一时规范不了，执教者就会发怒。怒气一生，老师与学生就反目了。（如果父亲是老师）'夫子用严格的规范来要求我，可自己并不按规范行事。'儿子这样说时，父子要反目了。父子反目，关系就恶化了。古时候，人们交换儿子来进行教育，父子之间是不以善来互相责备的。以善来互相责备就会产生分离。产生分离的不祥后果是很不好的。"

　　孟子学习（教育）**方法之五，贤者不弃后进**。孟子说："中也养不中，才也养不才，故人乐有贤父兄也。如中也弃不中，才也弃不才，则贤不肖之相去，其间不能以寸。"（《孟子·离娄章句下·第七节》）

　　这段话翻译成现代汉语是："行中庸之道的人把不懂中庸的人教育起来，有才能的人要把没才能的人教育起来；这是人们乐于有贤父贤兄的原因。要是中庸者抛弃不懂得中庸的人，有才者抛弃没才者，那么贤者与品行差的人之间的距离越来越大，就不是用寸来计量的了。"

　　孟子还说过类似于"立地成佛"的话："西子蒙不洁，则人皆掩鼻而过之。虽有恶人，齐戒沐浴，则可以祀上帝。"（《孟子·离娄章句下·第二十五节》）

　　这段话翻译成现代汉语是："西施被蒙上了不洁净的东西，人也会掩鼻而过。虽然是恶人，只要他斋戒沐浴，也可以参加祭祀。"

　　孟子学习（教育）**方法之六，要有规矩**。孟子说："羿之教人射，必志于彀；学者亦必志于彀。大匠诲人，必以规矩；学者亦必以规矩。"（《孟子·告子章句上·第二十节》）

这段话翻译成现代汉语是："著名神箭手羿教人射箭，一定要射者把弓张满；学射箭的人也立志要把弓张满。大师级的工匠教人，必定要用规和矩，学生也一定要学会规矩。"

孟子学习（教育）**方法之七，五种人才可以教**。孟子说："君子之所以教者五：有如时雨化之者，有成德者，有达财者，有答问者，有私淑艾者。此五者，君子之所以教也。"（《孟子·尽心章句上·第四十节》）

这段话翻译成现代汉语是："君子肯去教育的人有五种：可以像被及时雨感化的，有一定德行的，有一定理财天赋的，有肯回答问题的，有取人之善以自修其身的。这五种人，都是君子肯教育的人。"

孟子学习（教育）**方法之八：五种问不答**。有一天，也有贤者之名的公都子问孟子："滕国国君的弟弟滕更来你门下求学，对你也很有礼貌，可你不回答他的问题，为什么呀（滕更之在门也，若在所礼。而不答，何也）？"孟子说："挟贵而问，挟贤而问，挟长而问，挟有勋劳而问，挟故而问，皆所不答也。滕更有二焉。"（《孟子·尽心章句上·第四十三节》）

这段话翻译成现代汉语是："凭借贵族身份而问，自以为自己很贤能而问，自恃是长辈而问，仗着有功勋而问，依着故人的交情而问，这些我一律都不回答。滕更占了其中两条。"

孟子学习（教育）**方法之九：即要学规矩也要学技能**。孟子说："梓匠轮舆，能与人规矩，不能使人巧。"（《孟子·尽心章句下·第五节》）

这段话翻译成现代汉语是："制造车轮、车厢的工匠能告诉人规矩，却不能使人变得巧妙。"看来要学得技能，还要师傅领进门后，自己去修行、去参悟其中的巧。

孟子学习（教育）**方法之十：用脑才能练好脑**。孟子有一天批评学生高子（齐国人）说："山径之蹊间，介然用之而成路。为闲不用，则茅塞之矣。今茅塞子之心矣。"（《孟子·尽心章句下·第二十一节》）

这段话翻译成现代汉语是："山径就在小路之中，不断去走就成路。有段时间不走，就会被茅草拥塞。如今你的心路已被茅草堵塞了。"

　　孟子的学习（教育）**方法之十一：来去自由**。孟子有一天到了滕国（现山东滕州市），住在上宫。他将一双鞋挂在窗上，让馆员去取时却没有了。馆员就问："是不是你的学生拿去了（若是乎从者之廋也）？"孟子说："你以为学生们是为偷我的鞋而来的吗（子以是为窃屦来与）？"馆员回答："大概不是（殆非也）。"这时孟子说："夫予之设科也，往者不追，来者不距。苟以是心至，斯受之而已矣。"（《孟子·尽心章句下·第三十节》）

　　这段话翻译成现代汉语是："我在这里设学科教学，走的不去追回来，来的不拒之门。只要以求学之心而来，就接受他们了。"

第十六章　效法古代先贤

中国人是把自己的先人当成神明来敬的。传承这一个传统,孟子对古代的圣贤是十分敬仰的,在这点上,他与孔子是一脉相承的。孟子说:"圣人,百世之师也,伯夷、柳下惠是也。故闻伯夷之风者,顽夫廉,懦夫有立志;闻柳下惠之风者,薄夫敦,鄙夫宽。奋乎百世之上。百世之下,闻者莫不兴起也。非圣人而能若是乎,而况于亲炙之者乎?"(《孟子·尽心章句下·第十五节》)

这段话翻译成现代汉语是:"圣人,是千秋万代的老师,伯夷、柳下惠就是这样的圣人。因此,听到伯夷抱节守志的风范时,愚钝者会变得廉洁,懦弱的人也会立下志向。听到柳下惠坐怀不乱风范的人,刻薄者会变得敦厚,粗俗者也会心胸宽大。这振奋作用会达百世。百世以后,听闻这些圣人者无不振作。不是圣人能有这样的影响吗?(百代以后的影响尚且这样)更何况当时亲身受过他们熏陶的人呢？"

孟子有一天还说:"说大人,则藐之,勿视其巍巍然。堂高数仞,榱题数尺,我得志弗为也;食前方丈,侍妾数百人,我得志弗为也;般乐饮酒,驱骋田猎,后车千乘,我得志弗为也。在彼者,皆我所不为也;在我者,皆古之制也,吾何畏彼哉?"(《孟子·尽心章句下·第三十四节》)

这段话翻译成现代汉语是:"与位高权重的人说话,要藐视他,不要把他高大的样子放在眼里。把殿堂建得高两三丈,屋檐几尺宽,我得志不会这样做;动筷前佳肴摆满一丈长的桌子,侍奉的姬妾好几百,我得志不会这样做。到处饮酒作乐,驰驱打猎,随从车辆上千,我得志不会这样做。他所做的,都是我不会去做的。我所有的,是古代的各项制度,(有此)我为什么要怕他呢?"

孟子有一回把他心中的先贤们集中夸了一遍。他先夸君王:"禹恶旨酒而好善言。汤执中,立贤无方。文王视民如伤,望道而未之见。武王不泄迩,不忘远。周公思兼三王,以施四事;其有不合者,仰而思之,夜以继日;幸而得之,坐以待旦。"(《孟子·离娄章句下·第二十节》)

这段话翻译成现代汉语是:"大禹讨厌美酒而喜欢善意的进言。商汤处事多选中允的办法,树立贤良不论出身。周文王用悲悯的眼光看待人民,在百姓还没出现在路尽头时就眺望着。周武王不轻慢身边的人,也不忘记远方的人。周公的思想具备夏商周三代君主之长,身兼四种政事;如果有与他意见不合的,就仰头思考,夜以继日;有幸想通了,就坐着等待天亮好去解决。"

孟子还说:"舜之居深山之中,与木石居,与鹿豕游,其所以异于深山之野人者几希。及其闻一善言,见一善行,若决江河,沛然莫之能御也。"(《孟子·尽心章句上·第十七节》)

这段话翻译成现代汉语是:"舜居住在深山之中,住木石的房子,与鹿和野猪一同奔跑,他与深山野人不同的地方很少。但凡他听到一句善言,见到善行,就身体力行,像江河决堤,气势充沛得没有任何东西可以阻挡。"

孟子说:"禹、稷当平世,三过其门而不入,孔子贤之。颜子当乱世,居于陋巷,一箪食,一瓢饮。人不堪其忧,颜子不改其乐,孔子贤之。"

这段话翻译成现代汉语是:"大禹、后稷生活在太平之世,多次路过自己的家门却没有进去,孔子称赞他们为圣贤。颜渊生活在乱世,居住在简陋巷子,饭为一竹盆饭,菜为一瓢水。人们都不堪忍受那种贫苦的生活,而颜渊却不改变他乐观的心态。孔子也称赞他为贤人。"

孟子的意思很明确,处太平之世,应当以公事为重,以天下人的事为重。处乱世,以修身养性为重,以乐观向上为重。所以后世的范仲淹有"居庙堂之高则忧其民,处江湖之远则忧其君"之说。所以孟子又说:"禹、稷、颜回同道。禹思天下有溺者,由己溺之也;稷思天下有饥者,由己饥之也,是以如是其急也。禹、稷、颜子易地则皆然。"(《孟子·离娄章句下·第二十九节》)

这段话翻译成现代汉语是:"大禹、后稷、颜渊是同道的人。大禹想到天下有遭水灾的人,就像是自己让他们遭水灾一样。后稷想到天下有挨饿的人,就像是自己让他们挨饿一样。他们就这样急人之急。大禹、后稷、颜渊,如果互相交换位置处境,也都会有同样的表现。"

在这里,孟子概括精炼,画龙点睛,让我们看到了贤君的光彩。有此贤君,为何不效法?过去批判孔孟之道时说孔孟有一条共罪:效法古人。看看孟子的描述吧,这么好的古人,我们的贤君,我们为什么不法?我们为什么不效?

孟子夸过君王中的圣贤,在《孟子·万章章句下·第一节》中又夸到圣贤之士。

伯夷、叔齐是商末孤竹君的两个儿子。相传其父遗命要立次子叔齐为继承人。孤竹君死后,叔齐让位给伯夷,伯夷不受,叔齐也不愿登位,先后都逃到周国。对伯夷这位贤者,孟子说:"伯夷,目不视恶色,耳不听恶声。非其君不事,非其民不使。治则进,乱则退。横政之所出,横民之所止,不忍居也。思与乡人处,如以朝衣朝冠坐于涂炭也。当纣之时,居北海之滨,以待天下之清也。故闻伯夷之风者,顽夫廉,懦夫有立志。"

这段话译成现代汉语是："伯夷，眼睛不看丑恶的色彩，耳朵不听丑恶的声音。不是他理想的君主不侍奉，不是他喜欢的民众不役使。国家有治就入仕，国家混乱就退隐。暴政出现的国家，暴民居住的地方，他都不能忍受在那里居住。想象着和乡野人相处，就像穿戴着上朝的服饰坐在污泥炭灰之中一样。在商纣王的时候，他住在北海之滨，以等待天下清明。所以听闻伯夷这种风范的，痞顽的人会变得清廉，懦弱的人也会树立志向。"

伊尹是夏朝末年生人，辅佐商汤伐夏建商，被封为尹，之后在商朝为相五十余年，教育并辅佐五任君王，死时已有 100 岁。孟子这样说伊尹："伊尹曰：'何事非君？何使非民？'治亦进，乱亦进。曰：'天之生斯民也，使先知觉后知，使先觉觉后觉。予，天民之先觉者也；予将以此道觉此民也。'思天下之民匹夫匹妇有不与被尧舜之泽者，若己推而内之沟中，其自任以天下之重也。"

这句话译成现代汉语是："伊尹说：'为何侍奉不理想的君主呢？为何役使不喜欢的民众呢？'国家有治要积极入仕，国家混乱也要积极入仕。他又说：'上天生育民众，使先明理的人启发后明理的人，使先觉悟的人启发后觉悟的人。我就是上天生育的民众中先觉悟的人，我要用道来启发上天的生民。'想到天下的百姓男子和女子中如果有人没受到尧帝舜帝恩惠的，就好像是自己将他们推进水沟中一样。伊尹就是这样自愿把天下的重担挑在肩头的。"

柳下惠（前 720—前 621），展氏，名获，字子禽，一字季，春秋时期鲁国柳下邑（今山东平阴展洼人）人，鲁孝公的儿子公子展的后裔，有坐怀不乱之誉。孟子评他说："柳下惠，不羞污君，不辞小官。进不隐贤，必以其道。遗佚而不怨，阨穷而不悯。与乡人处，由由然不忍去也。'尔为尔，我为我，虽袒裼裸裎于我侧，尔焉能浼我哉？'故闻柳下惠之风者，鄙夫宽，薄夫敦。"

这段话译成现代汉语是："柳下惠并不觉得侍奉污秽之君是耻辱，

不会因官小而辞职。他当官不隐藏自己的才干，必定要按自己掌握的道来行事。被冷落遗忘也不怨恨，处于困窘之境也不自我怜悯。与乡野之民相处，随和而不忍心离去。他说：'你是你，我是我，即使有美女赤裸站在我身边，又怎么能玷污我呢？'所以听闻柳下惠风范的人，狭隘的人变得宽容，刻薄的人变得厚道。"

孟子有一天还说过："柳下惠不以三公易其介。"（《孟子·尽心章句上·第二十八节》）

这句话翻译成现代汉语是："柳下惠不会因为位立三公而改变特立独行的本质。"

对孔子，孟子则如此评说："孔子之去齐，接淅而行；去鲁，曰：'迟迟吾行也。'去父母国之道也。可以速而速，可以久而久，可以处而处，可以仕而仕，孔子也。"

这段话翻译成现代汉语是："孔子离开齐国，冒着风霜雪雨就走；离开鲁国时，他说：'我们慢慢地走吧。'这是离开祖国之道。可以迅疾就迅疾，应当缓慢则缓慢，可以住下就住下，可以入仕就入仕，这就是孔子。"

在这一节，孟子总结说："伯夷，圣之清者也；伊尹，圣之任者也；柳下惠，圣之和者也；孔子，圣之时者也。孔子之谓集大成。集大成也者，金声而玉振之也。金声也者，始条理也；玉振之也者，终条理也。始条理者，智之事也；终条理者，圣之事也。智，譬则巧也；圣，譬则力也。由射于百步之外也，其至，尔力也；其中，非尔力也。"

这段话翻译成现代汉语是："伯夷，是圣贤中清高的人；伊尹，是圣贤中有责任感的人；柳下惠，是圣贤中和睦的人；孔子，是圣贤中能够因时而变的人。孔子可说是集大成的人。所谓集大成者，就好比演奏音乐时能让金钟鸣、玉磬振动的人。所谓金声，是旋律的开始；所谓玉振，是旋律的终结。让旋律开始，是智者的事；让旋律终结，是圣者的事。所谓智，就好比技巧；所谓圣，就好比力量。这就好像射箭于百步之外，箭能到达，是你的力量；箭能射中，就不是你的力量了。"由孟子的评述可知,他是把社会当成了一场交响音乐会。人人都是参与者,都是演奏者,唯有圣贤是开始者与进程的掌控者。

孟子在《孟子·万章章句下·第二节》中还对卫国人北宫锜讲述过**周代的爵位、封地和农民的耕地情况**:"其详不可得闻也。诸侯恶其害己也,而皆去其籍。然而轲也,尝闻其略也。天子一位,公一位,侯一位,伯一位,子、男同一位,凡五等也。君一位,卿一位,大夫一位,上士一位,中士一位,下士一位,凡六等。天子之制,地方千里,公侯皆方百里,伯七十里,子、男五十里,凡四等。不能五十里,不达于天子,附于诸侯,曰附庸。天子之卿受地视侯,大夫受地视伯,元士受地视子、男。大国地方百里,君十卿禄,卿禄四大夫,大夫倍上士,上士倍中士,中士倍下士,下士与庶人在官者同禄,禄足以代其耕也。次国地方七十里,君十卿禄,卿禄三大夫,大夫倍上士,上士倍中士,中士倍下士,下士与庶人在官者同禄,禄足以代其耕也。小国地方五十里,君十卿禄,卿禄二大夫,大夫倍上士,上士倍中士,中士倍下士,下士与庶人在官者同禄,禄足以代其耕也。耕者之所获,一夫百亩。百亩之粪,上农夫食九人,上次食八人,中食七人,中次食六人,下食五人。庶人在官者,其禄以是为差。"

这段话翻译成现代汉语是:"周制详情已无法知道了。诸侯们都厌恶周的制度,认为它妨害了自己的利益而把这方面的典籍销毁了。但是我也听说过大概的情况。天子是一级,公是一级,侯是一级,伯是一级,子、男同样各为一级,(天子以下)朝廷爵位共五个等级。君是一级,卿是一级,大夫是一级,上士是一级,中士是一级,下士是一级,各邦国里共六个等级。天子依制度,占地方圆千里,公侯的封地方圆百里,伯的封地方圆七十里,子、男爵的封地方圆五十里,总共四个等级。不能达到方圆五十里的,不能直接受天子管辖,只能依附于诸侯,叫做附庸。天子的卿所受的封地视同为侯爵,大夫的封地视同为伯爵,元士(天子的士)的封地视同为子、男爵。大的邦国方圆百里,国君的俸禄十倍于卿,卿的俸禄四倍于大夫,大夫的俸禄倍于上士,上士倍于中士,中士倍于下士,下士与在官府服役的平民是同样的俸禄,俸禄足以代替他们耕种的收入。次一等的邦国方圆七十里,国君的俸禄十倍于卿,卿的俸禄三倍于大夫,大夫倍于上士,上士倍于中士,中士倍于下士,下士与在官府服役的平民是同样的俸禄,俸禄也足以代替他们耕种的收入。小的邦国方圆五十里,国君的俸禄十倍于卿,卿的俸禄二倍于大夫,大夫倍于上士,上士倍于中士,中士倍于下士,下士与在官府服役的平民是同样的俸禄,俸禄同样足以代替他们耕种的收入。耕种者的收入来源是,一个农夫有百亩地;百亩地都施肥耕作,上等的农夫可供养九人,稍次一点的可供养八人,中等的可供养七人,稍次一点的可供养六人,下等的可供养五人。平民在官府服役的,俸禄按这个来分等差。"

对于违反了古代道德的春秋五霸（春秋时期先后称霸的五个诸侯,即齐桓公、晋文公、楚庄王、秦穆公、宋襄公）等,孟子是口诛笔伐的。孟子说:"五霸者,三王之罪人也;今之诸侯,五霸之罪人也;今之大夫,今之诸侯之罪人也。天子适诸侯曰巡狩,诸侯朝于天子曰述职。春省耕而补不足,秋省敛而助不给。入其疆,土地辟,田野治,养老尊贤,俊杰在位,则有庆,庆以地。入其疆,土地荒芜,遗老失贤,掊克在位,则有让。一不朝,则贬其爵;再不朝,则削其地;三不朝,则六师移之。是故天子讨而不伐,诸侯伐而不讨。五霸者,搂诸侯以伐诸侯者也,故曰:五霸者,三王之罪人也。五霸,桓公为盛。葵丘之会诸侯,束牲、载书而不歃血。初命曰:'诛不孝,无易树子,无以妾为妻。'再命曰:'尊贤育才,以彰有德。'三命曰:'敬老慈幼,无忘宾旅。'四命曰:'士无世官,官事无摄,取士必得,无专杀大夫。'五命曰:'无曲防,无遏籴,无有封而不告。'曰:'凡我同盟之人,既盟之后,言归于好。'今之诸侯,皆犯此五禁,故曰:今之诸侯,五霸之罪人也。长君之恶其罪小,逢君之恶其罪大。今之大夫,皆逢君之恶,故曰:今之大夫,今之诸侯之罪人也。"（《孟子·告子章句下·第七节》）

这段话翻译成现代汉语是:"所谓的五霸,是三个圣王的罪人。如今的诸侯，亦是五霸的罪人。如今的大夫，又是如今诸侯的罪人。天子出来到诸侯国，称为巡狩。诸侯国君去朝见天子，称为述职。(天子)春天视察春耕补助生产资料不足的人，秋季视察收获情况而帮助歉收的人。进入到诸侯封地，如果开辟了新的耕地，田野治理得很好，国家养老尊贤，俊杰在位，就奖赏，奖赏诸侯土地。进入到诸侯封地，如果土地是荒芜的，老无所养，贤者不在其位，搜刮苛刻的人在位，就责备。(就述职而言)第一次不朝觐，就贬其爵位，再不朝觐就削减其土地，第三次不朝觐就派六师进军他的封地。所以天子(师出有名)叫'讨'而不叫'伐'，(现在)诸侯(师出无名)则是'伐'而不是'讨'。所谓的五霸，是拉拢一部分诸侯去征伐另一部分诸侯。所以说，五霸者，是三个圣王的罪人。五霸中齐桓公势力最大，在葵丘会盟诸侯，捆束牲畜、记入史书但没有歃血。第一次会盟，共同宣誓：'诛杀不孝，不变更太子，不以妾为正妻。'第二次会盟又共同宣誓：'尊贤育才，表彰有道德的人。'第三次会盟的共同宣誓是：'尊敬老人，慈爱儿童，不轻慢宾客和旅行的人。'第四次会盟又有个共同宣誓：'士的官职不世袭，公职不兼摄，选拔士必有德，不能专横杀戮大夫。'第五次会盟会的共同宣誓则是：'不随意修筑堤防，不制止互购粮食，不能有封爵而不报告。'他们还宣誓：'凡是一起参加盟誓的，签了盟约之后，言归于好。'可如今的诸侯都违反了这五条盟誓。所以说，如今的诸侯，都是五霸的罪人。助长国君的恶行，其罪还小些；迎合国君的恶行，罪就大了。如今的大夫，都是在迎合国君的恶行，所以说，如今的大夫，都是如今诸侯的罪人。"

由此孟子也说到春秋的战争。对春秋，孟子说："春秋无义战。彼善于此，则有之矣。征者上伐下也，敌国不相征也。"(《孟子·尽心章句下·第二节》)

这段话翻译成现代汉语是："春秋时期没有正义的战争。那一国或许比这一国要好一点，这样的情况倒是有的。所谓的征伐，是上级征伐下级，同等级的国是不能相互征伐的。"

最后，关于为什么要效法古圣贤，孟子对好学生万章是这样说的：

"一乡之善士,斯友一乡之善士;一国之善士,斯友一国之善士;天下之善士,斯友天下之善士。以友天下之善士为未足,又尚论古之人。颂其诗,读其书,不知其人,可乎?是以论其世也。是尚友也。"(《孟子·万章章句下·第八节》)

这段话翻译成现代汉语就是:"一个乡里的有德之士,就想跟全乡有德之士成为朋友;一个国家里的有德之士,就想跟整个国家里的有德之士成为朋友;天下的有德之士,就想跟整个天下的有德之士成为朋友。如果跟全天下的有德之士成为朋友仍感到不够,又可以崇尚古人。颂诵他们的诗,研读他们的书,如此而不了解他们的为人,可以吗?所以要讨论他们的那个时代。这就是与古人为友啊。"

第十七章　孟子的哲学思想

　　孟子的哲学思想也有不少闪光点：

　　一、得失观——得失要遵循自然规律。孟子曰：
"求则得之，舍则矢之，是求有益于得也，求在我者
也。求之有道，得之有命，是求无益于得也，求在外者
也。"（《孟子·尽心章句上·第三节》）

　　这段话翻译成现代汉语是："追求就能得到，舍
弃就会失掉，可见追求是有益于得到的，追求是我可
以主动做的。但追求要按照道的途径，取得要按照天
命（自然规律），这样的追求可能无益于得到，这是追
求与得不同的地方。"

　　二、万事由我——诚乐恕仁。孟子说："万物皆备
于我矣。反身而诚，乐莫大焉。强恕而行，求仁莫近
焉。"（《孟子·尽心章句上·第四节》）

　　这段话翻译成现代汉语是："万事万都取决于我
的自身修养。反过来由心求诚意，那快乐大到无边。

强迫自己宽恕而有所行为,离寻求到仁就很近了。"

三、**本性与命运**。孟子说:"口之于味也,目之于色也,耳之于声也,鼻之于臭也,四肢之于安佚也,性也,有命焉,君子不谓性也。仁之于父子也,义之于君臣也,礼之于宾主也,智之于贤者也,圣人之于天道也,命也,有性焉,君子不谓命也。"(《孟子·尽心章句下·第二十四节》)

这段话翻译成现代汉语是:"口对于味道,眼对于颜色,耳对于声音,鼻对于气味,四肢对于舒适,都是人的本性,但有命运在,君子就不谈人的本性。仁对于父子,义对于君臣,礼对于宾客和主人,知识对于贤能的人,圣人对于天道,是命运的安排,其中有人的本性的地方,君子就不谈命运的安排。"人有天生本性,也有依"命运"(其实是人类文明发展规律要求的规律)形成的道德,要成为儒家所说的君子圣贤,要既注意到哪些是本性,哪些是自然规律,把握好度才是。

四、**忧患兴邦**。孟子说:"人之有德慧术知者,恒存乎疢(因衬)疾。独孤臣孽子,其操心也危,其虑患也深,故达。"(《孟子·尽心章句上·第十八节》)

这句话翻译成现代汉语是:"人之所以有德、智慧、权术、知识,正是存在忧患意识的缘故。唯有不得重用的臣子和地位低微的庶民,操心的是危难,他的忧患意识也强,所以他们能发达。"

五、**极端损道**。孟子说:"杨子取为我,拔一毛而利天下,不为也。墨子兼爱,摩顶放踵利天下,为之。子莫执中,执中为近之,执中无权,犹执一也。所恶执一者,为其贼道也,举一而废百也。"(《孟子·尽心章句上·第二十六节》)

这段话翻译成现代汉语是:"魏国的主张'贵生'、'重己'的道家杨朱主张为我,要他拔自己的一根毫毛而利天下他也不会愿意。墨子主张兼爱天下,对天下有利的事哪怕是摩秃头顶磨破脚跟他都愿意干。鲁国的贤者子莫采取执中的态度,执中比较接近正道,执中就不需要权衡轻重,但也像在坚持一个极端。我之所以厌恶坚持一端的做法,是因为它会损害正道,会只抓住一端而废弃了其余所有的部分。"

六、性非性，白非白也。《孟子·告子章句上·第三节》记载了孟子与学生告子一段有趣的对话：

告子说："天生的本性就是性（生之谓性）。"

孟子说："天生的本性就是性，就像白色天生就是白色一样吗（生之谓性也，犹白之谓白与）？"

告子说："对（然）。"

孟子再进一步推导："那白色羽毛的白，就像是白雪之白，白雪之白，就像是白玉之白吗（白羽之白也，犹白雪之白；白雪之白，犹白玉之白与）？"

告子又来一句："当然（然）。"

这时，孟子才亮出了他的观点："然则犬之性，犹牛之性；牛之性，犹人之性与？"

这段话的意思是："那么狗的天生本性就好比是牛的天生本性一样，牛的天生本性就能与人的天生本性一样？"这一串推理说明，外貌相同的事物可能本质却不同。

七、保持不攀比心理。孟子说："饥者甘食，渴者甘饮，是未得饮食之正也，饥渴害之也。岂惟口腹有饥渴之害？人心亦皆有害。人能无以饥渴之害为心害，则不及人不为忧矣。"（《孟子·尽心章句上·第二十七节》）

这段话翻译成现代汉语是："饥饿的人吃起东西来就感觉到美味，干渴的人饮起水来就觉得甘甜，但这其实是没有得到正确的饮食方法的结果，受到了人体本能饥渴所害。人难道只有口腹的饥渴之害吗？人的心理亦会受到（不如他人攀比带来）的伤害。人的心理如果（修炼到）不会因饥饿而让口腹受害的状态，那么比不上别人也不会有忧愁了。"

八、居移气，养移体——居住环境关乎培养气质，保养有益体质。孟子有一天从范邑（今河南范县）到了齐国，看到齐王子时感叹说："居移气，养移体，大哉居乎！夫非尽人之子与？"

这句话翻译成现代汉语是："居住环境可以改变人的气质，保养可以改变人的体质。了不起呀居住环境！大家本质上不都是一样的儿子吗？"

孟子接着再发感叹："王子宫室、车马、衣服多与人同，而王子若彼者，其居使之然也；况居天下之广居者乎？鲁君之宋，呼于垤泽之门。守者曰：'此非吾君也，何其声之似我君也？'此无他，居相似也。"(《孟子·尽心章句上·第三十六节》)

这段话翻译成现代汉语是："王子的后宫、车马、衣服大多与别人相同，而王子有这番王子气象，正是居住地造成的；更何况他还居住在天下最广大的宫殿里。鲁国国君到宋国，在宋城的垤泽门大声喊叫，守门人说：'这并不是我们宋国的国君，为什么他的声调那么像我们宋国国君呢？'这没有别的原因，居住宫殿相似啊。"

九、不再作冯妇。不再作冯妇的意思是不再重操旧业或说不再做以前做过的事，是适可而止的意思。有一年，齐国发生饥荒。因为孟子曾经有过劝齐宣王开仓赈济的作为，孟子的学生陈臻就问："国人都认为你还会再次建言打开棠邑粮仓救济灾民，但看来你不会重复上次的做法了吧（国人皆以夫子将复为发棠，殆不可复）？"孟子说："是为冯妇也。晋人有冯妇者，善搏虎，卒为善士。则之野，有众逐虎。虎负嵎，莫之敢撄。望见冯妇，趋而迎之。冯妇攘臂下车。众皆悦之，其为士者笑之。"(《孟子·尽心章句下·第二十三节》)

这句话翻译成现代汉语是："（再去建言）就是再为冯妇了。晋国有个人名叫冯妇，青年时善于跟虎搏斗，老年时成为很善良的读书人。一次他到郊外，有一群人在追逐一只老虎。老虎占据了险阻的地势，没有人敢去触犯。众人看见冯妇来了，都上前迎接。冯妇挽起袖子下了车。这时大家都很高兴，但读书人都在讥笑他（不合时宜地重操旧业）。"孟子讲这段话的背景是，一是他已老了，无官无职；二是齐国当时的国君是骄横自大、穷兵黩武的齐湣王，根本听不进别人的意见。所以孟子说出了不要去做不合时宜的事。

十、善、信、美、大、圣、神。有一天，齐国一位叫浩生不害的人问孟子："孔子的学生曾子的弟子乐正子,此人如何(乐正子,何人也)? "孟子说："善良的人,诚信的人(善人也,信人也)。"再问："什么叫善?什么叫信(何谓善? 何谓信)? "孟子说："可欲之谓善,有诸己之谓信。充实之谓美,充实而有光辉之谓大,大而化之之谓圣,圣而不可知之之谓神。乐正子,二之中,四之下也。"(《孟子·尽心章句下·第二十五节》)

这段话翻译成现代汉语是："令人喜爱的就是善,按自己本性去做就是信,内心充实就为美,内心充实而且又散发光辉的就称为大,大而且能融会贯通的就称为圣,圣而又高深莫测的就称为神。乐正子,占有其中两项,比占有四种的人差些。"在这里,孟子认为人性善,按人性去做就是善,就是诚信,就能得到美。

十一、法出自然。孟子说："尧舜,性者也;汤武,反之也。动容周旋中礼者,盛德之至也;哭死而哀,非为生者也;经德不回,非以干禄也;言语必信,非以正行也。君子行法,以俟命而已矣。"(《孟子·尽心章句下·第三十三节》)

这段话翻译成现代汉语是："尧和舜,是率性的人;商汤王和武王,则是相反的人。(但只要)行动和仪容在与人相处时符合礼,盛德就要到了。痛哭死者而悲哀,并不是为了做给活人看。经过道德修养而不再世俗,不是为了求取利禄。言语必然诚信,不是这样不能端正行为。君子依法行事,只是遵从命运(自然)的安排而已。"

第十八章　对不同意见的反驳

孔子在世时，其他学派对儒学就有不同意见，更不要说孟子在世时了。孟子对反对儒家的不同意见有过很多的反驳意见。

一、礼与食哪个重要？ 现在的山东济宁境内，当时有个任国，任国有一个人很有些辩才。一天，他对孟子的学生屋庐子发问："礼法和求食，哪个重要（礼与食孰重）？"屋庐子说："礼法重（礼重）。"

再问："娶妻和礼法哪个重要（色与礼孰重）？"屋庐子的回答还是礼重。

这时，任国的辩才开始发难："假设按照礼法规范去求食，就会饿死；不以礼法去求食，就能够得到食物，那还必须按照礼法行事吗？假设按礼法来择妻，就会得不到妻子；如果不按礼法来择妻，就能够得到妻子，那还必须要按照礼法来择妻吗（以礼食，则饥而死；不以礼食，则得食，必以礼乎？亲迎，则不得妻;不亲迎,则得妻,必亲迎乎)！"屋庐子被绕进去了,回答不上来。第二天他去了邹国(当时是鲁国的附属国,今山东邹城地区),找到孟子告诉他。孟子回答说:"于答是也何有？不揣其本而齐其末,方寸之木可使高于岑楼。金重于羽者,岂谓一钩金与一舆羽之谓哉？取食之重者,与礼之轻者而比之,奚翅食重？取色之重者,与礼之轻者而比之,奚翅色重？往应之曰:'紾兄之臂而夺之食,则得食;不紾,则不得食,则将紾之乎？逾东家墙而搂其处子,则得妻;不搂,则不得妻,则将搂之乎？'"(《孟子·告子章句下·第一节》)

这段话翻译成现代汉语是:"你回答他不就行了嘛！不揣摩根本而只去比较末端,那可以让方寸之木高于高楼了。铁重于羽毛,怎么能将一小钩铁与一大车羽毛相提并论呢？拿求食的重要性与礼法中轻微的章节比较,怎么能得出求食重要的结果呢？拿娶妻的重要性与礼法中轻微的章节比较,又怎么能得出娶妻重要的结果呢？你回去回答他说:'扭住兄长的胳膊而夺取他的饮食,就能够得到食,不扭住兄长的胳膊,就不能够得到食,那么你扭吗？翻越过东边邻居的墙去搂抱他家的姑娘,就可以得到妻子,不搂抱就得不到妻子,那你会去搂抱她吗？"在这里,孟子讲清了按社会规范行事才是正途的道理。

二、道可否简单? 有一天,孟子的学生公孙丑说:"道太高尚了,太完美了,就好比登天一样,似乎高不可攀。为什么不让它变得可行些而人们每天都能勤勉地去实行呢(道则高矣,美矣,宜若登天然,似不可及也。何不使彼为可几及而日孳孳也)？"孟子说:"大匠不为拙工改废绳墨,羿不为拙射变其彀率。君子引而不发,跃如也。中道而立,能者从之。"(《孟子·尽心章句上·第四十一节》)

这段话翻译成现代汉语是:"大师级的工匠不会为了笨拙的工匠而放弃准绳和墨斗,著名射手羿不会为了笨拙的射手而改变开弓的限度。君子只能引而不发,好像能飞跃一样。站在道的中间,有才能的人就会跟从。"

孟子接着在《尽心章句上·第四十二节说》:"天下有道,以道殉身;

天下无道,以身殉道。未闻以道殉乎人者也。"

这段话翻译成现代汉语是:"天下有道的话,让道随着自己被重用而推行天下。天下无道的话,则可以为坚守道而牺牲。没听说要让道来屈从于世俗的人的。"

三、古好还是后人好? 孟子的学生高子有一天说:"禹时的音乐比周文王时的好(禹之声,尚文王之声)。"孟子说:"为什么这样说(何以言之)?"高子说:"(文王的音乐)就像古铜器款纹追起处要看不见了一样(以追蠡)。"孟子这时教导他说:"是奚足哉?城门之轨,两马之力与?"(《孟子·尽心章句下·第二十二节》)

这段话翻译成现代汉语是:"这样说理由充足吗?城门中的车辙,难道只是两匹马的力量留下的吗?"言下之意,后人是继承了前人的传统,要一代一代努力才会留下历史痕迹。

四、评墨扬学说。 孟子说:"逃墨必归于杨,逃杨必归于儒。归,斯受之而已矣。今之与杨墨辩者,如追放豚,既入其苙,又从而招之。"(《孟子·尽心章句下·第二十六节》)

这段话翻译成现代汉语是:"脱离墨家学说必然会归入杨家学说,脱离杨家学说必然会归入儒家学说。所谓归,就是接受的意思。如今与杨、墨学说辩论的人,就好像是追逐放牧的小猪,既把(杨墨学说)关到猪圈里了,还要把它捆起来。"

五、评"君子不劳而获"。 孟子的学生公孙丑有一天问:"《诗经》上说:'君子不会不劳而获。'但君子是不耕而获的,这是为什么呢(诗曰'不素餐兮',君子之不耕而食,何也)?"公孙丑这个问题问得真可爱,孟子是这样回答他的:"君子居是国也,其君用之,则安富尊荣;其子弟从之,则孝弟忠信。'不素餐兮',孰大于是?"(《孟子·尽心章句上·第三十二节》)

这段话翻译成现代汉语是:"君子住在一个国度里,君王用他,君王则享受到安宁富贵尊崇荣华;弟子跟着他,学会孝悌忠信。与不劳而获比一下,是不是比不劳而获多做了些贡献?"

第十九章　结束语·道统

　　中国人是讲道统的，道统即传道的系统。道统之说最早滥觞于孟子。《孟子》一书的最后一节说："由尧舜至于汤，五百有余岁，若禹、皋陶，则见而知之；若汤，则闻而知之。由汤至于文王，五百有余岁，若伊尹、莱朱则见而知之；若文王，则闻而知之。由文王至于孔子，五百有余岁，若太公望、散宜生，则见而知之；若孔子，则闻而知之。由孔子而来，至于今，百有余岁，去圣人之世，若此其未远也；近圣人之居，若此其甚也，然而无有乎尔，则亦无有乎尔。"（《孟子·尽心章句下·第三十八节》）孟子在这里隐隐地以继承孔子为己任。

　　这段话翻译成现代汉语是："由尧、舜时代到商汤时期，有五百多年，像禹和皋陶（舜的贤臣）这些人，是亲身经历而懂得尧、舜之道的；像商汤，却是听闻尧、舜之道才懂得的。由商汤再到周文王，又有五百多年,像伊尹、莱朱(汤的贤臣)这些人,是亲身经历而知道的;像周文王,则是听闻而知道的。从周文王到孔子,也有五百多年,像姜太公吕望、散宜生(文王的贤臣)这些人,是亲身经历而知道的;像孔子,则是闻而知道的。从孔子以来直至今日,一百年多些,离开圣人的时代,并不算远啊;距离圣人的故居,更是如此近啊,然而却没有亲历圣贤之道者出现,那之后再也不会有崇尚圣贤之道的人出现了。"

在这里,孟子要亲自承担儒家学说传承的责任,也在呼吁后人不断传承儒家的学说。

我辈当努力。